AF315280

GUIDE

DU

CHANTRE.

GUIDE

DU

CHANTRE,

CONTENANT :

1° Les Principes du Plain-Chant ;
2° Le Cérémonial des Chapiers, à l'usage du Diocèse de Rouen ;

PUBLIÉ AVEC PERMISSION

DE S. G. Mgr BLANQUART DE BAILLEUL,

Archevêque de Rouen, Primat de Normandie, etc. ;

PAR M. SIMON,

CURÉ DE HAUTOT-SAINT-SULPICE.

DEUXIÈME ÉDITION,

PLUS CORRECTE ET PLUS COMPLÈTE QUE LA PREMIÈRE.

ROUEN.

MÉGARD, IMPRIMEUR-LIBRAIRE,
Rue du Petit-Puits, 21, et Grand'Rue, 156.

1845.

PERMISSION.

Louis-Marie-Edmond BLANQUART DE BAILLEUL, par la
Miséricorde Divine et la Grâce du Saint-Siége Apostolique,
Archevêque de Rouen, Primat de Normandie, etc.,

M. Simon, Curé de Hautot-Saint-Sulpice, nous ayant
demandé la permission de faire imprimer et de publier un
ouvrage dont il est auteur, et intitulé : *Guide du Chantre*,
contenant : 1° les Principes du Plain-Chant ; 2° le Cérémonial
des Chapiers, à l'usage de notre Diocése, deuxième édition,
plus correcte et plus complète que la première.

Avons permis et permettons, par ces présentes, à M. l'Abbé
Simon, de faire imprimer et de publier ledit ouvrage, déjà
avantageusement connu dans notre Diocèse par une première
édition.

Donné à Rouen, le 22 Mars 1845.

SURGIS,
Vicaire-Général.

Par Mandement de Monseigneur l'Archevêque,

LEBEL, *Chanoine.*

GUIDE DU CHANTRE.

PREMIÈRE PARTIE.

PRINCIPES DU PLAIN-CHANT.

PREMIÈRE LEÇON.

Des Caractères employés dans le Plain-Chant.

LES caractères employés dans le plain-chant, sont :
les cordes, les notes, les clés, le bémol, le bécarre,
le dièse, le guidon, les barres, demi-barres et doubles
barres, l'astérisque et la croix.

Les cordes sont des lignes horizontales sur lesquelles
les notes sont appuyées. Elles sont ordinairement par
quatre, et la réunion de ces quatre cordes se nomme
une portée. Cependant, lorsque l'étendue d'une pièce
l'exige, on peut ajouter une, et même deux cordes,
tant en dessus qu'en dessous d'une portée. Voyez pour
exemple, la prose *Lauda Sion*.

Les notes sont de petites figures carrées ou losanges,
échelonnées sur les cordes. Elles sont au nombre

de sept; en montant : *ut*, *re*, *mi*, *fa*, *sol*, *la*, *si*. Si elles ne suffisent pas, on en ajoute d'autres, soit plus haut, soit plus bas que les sept qui existent déjà; mais ce sont les mêmes, qui se trouvent répétées à l'octave. On doit les répéter suivant l'ordre dans lequel elles sont ici désignées. Au-dessus de *si*, on ajoute *ut*, *re*, *mi*, *fa*, *sol*, etc. Dans le bas de la portée, au-dessous de *ut*, on ajoute pareillement *si*, *la sol*, *fa*, etc., en descendant. Exemple :

Notes ordinaires.

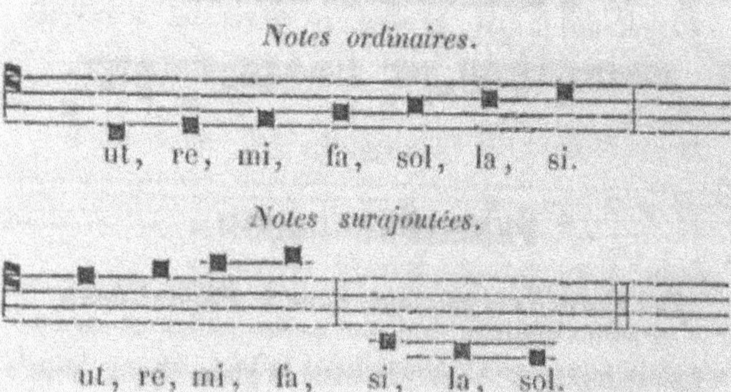

Notes surajoutées.

Il vaut bien mieux surajouter ainsi une corde, que de changer la clé à chaque endroit, comme on en voit des exemples dans beaucoup de livres anciens, et surtout dans le chant Romain.

Dans la musique, l'*ut* se nomme maintenant *do*, on a adopté cette dénomination pour la légéreté de la solmisation. Dans le plain-chant, où nous n'avons pas besoin de solfier si vite, nous devons conserver notre *ut*, qui nous rappelle l'origine du nom des notes. On sait en effet que, quand Gui Arétin réduisit à quatre les huit lignes d'une portée et commença à placer des notes dans les interlignes aussi bien que sur les lignes, il leur donna les noms qu'elles portent encore aujourd'hui. Ces noms furent tirés des premières syllabes des périodes de cette strophe : *Ut queant laxis*. Dans le chant ancien de cette hymne, on peut remarquer que les premières notes de chaque période sont précisément celles désignées par la syllabe placée dessous.

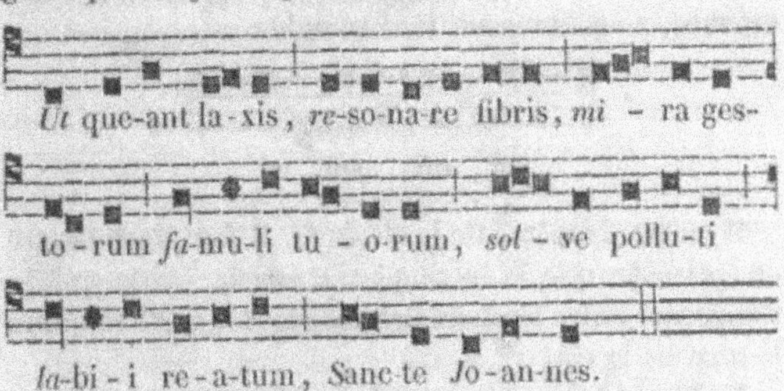

Ces notes réunies font une *gamme*. Ce mot est conservé du temps où l'on notait par lettres. Alors, dans la gamme de *la*, qui était la plus usitée, on avait pour désigner *la*, *si*, *ut*, *re*, *mi*, *fa*, *sol*, a, b, c, d, e, f, g. Le g appelé en grec *gamma* se trouvait en haut, et il a donné son nom à toute l'échelle.

Chaque note a sa gamme. Nous avons donné la gamme d'*ut*. Les élèves doivent apprendre les autres : *re*, *mi*, *fa*, *sol*, *la*, *si*, *ut*; *mi*, *fa*, *sol*, *la*, *si*, *ut*, *re*, etc.

Une note posée sur une corde n'a pas de nom, si la clé ne précède. La clé est la figure qui commence chaque portée. Elle se place sur les lignes; on ne la voit jamais dans les interlignes. Il y en a deux, la clé d'*ut* et la clé de *fa*. Elles peuvent se placer sur chacune des quatre cordes ; alors le nom des notes et la valeur des intervalles changent avec elles. Supposez la clé d'*ut* à la quatrième corde, la note placée sur cette corde s'appellera *ut*. Si la clé descend d'une corde, la même note qui était un *ut* tout à l'heure, s'appellera *mi*. Descendez encore la clé d'une corde, au lieu de *mi* vous aurez *sol*. Enfin, si la clé se place sur la dernière corde, ce qui est rare, vous aurez un *si*. Exemple :

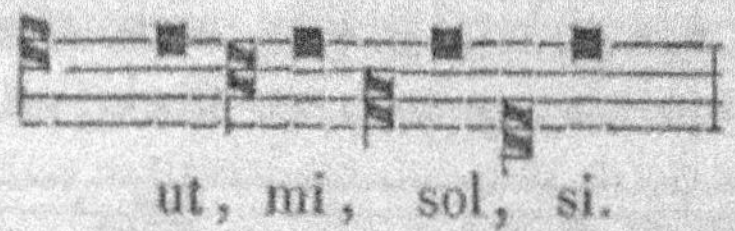

Il en est de même de la clé de *fa*. Il faut donc mettre en principe que la note placée sur la corde qui va s'engrener entre les deux dents de la clé, porte toujours le nom de la clé.

Le bémol baisse une note de la valeur d'un demi-ton. Exemple : de *la* à *si*, il y a un ton, et de *si* à *ut*, un demi-ton. Si la note *si* est précédée d'un bémol, on obtient le résultat suivant : entre *la* et *si*, il n'y a plus qu'un demi-ton, et de *si* à *ut* un ton. Le bémol ne se pose, dans le plain-chant, qu'au *si* et au *mi*, lesquelles notes se nomment alors *si bémol*, *mi bémol*, et non point *za* et *ma*, comme dans plusieurs méthodes, qui par l'introduction de ces deux noms nouveaux, ont contribué à ce que beaucoup de chantres, et surtout de commençants, n'attachent la valeur des intervalles qu'aux noms des notes qu'ils récitent. Ainsi, ils chanteront juste *la za*, et se perdront avec *la si bémol*. Réprouvons donc, comme nuisible, les deux dénominations *za* et *ma*, et disons *si bémol*, *et mi bémol*.

Le bémol n'est pas marqué toutes les fois qu'il le faut faire. On ne le marque pas dans le deuxième ton, et il faut toujours le faire. Il est naturel aussi aux cinquième et sixième. Dans ces deux tons, il est ordinairement à la clé. Quelquefois cependant il peut être oublié. La règle qu'il faut suivre, est de toujours le faire, à moins qu'il ne soit défendu par ♮. On ne le regardera pas comme naturel au premier ton. Donc, on ne le fera que s'il est marqué; et quand il sera marqué, soit au commencement, soit au milieu d'une portée, on le fera jusqu'à la fin de la portée, ou jusqu'à ce qu'il soit défendu; mais il ne servira pas pour la portée suivante. Dans ce cas, on le nomme bémol accidentel. Il est accidentel aussi aux autres tons, et ne sert que pour la note devant laquelle il est placé.

Il y a des cas où on doit le faire sans qu'il soit indiqué. C'est 1° entre deux *la*, pourvu que le chant ne monte pas immédiatement à l'*ut*; 2° après un *fa*, pourvu que la chant ne monte pas immédiatement à l'*ut*; 3° après *sol* et *la*, quand le chant retombe en *fa*; 4° lorsqu'après le *si* on a *sol la fa*.

Le bécarre rend à la note sa valeur ordinaire; il efface le bémol et ne s'emploie qu'après lui. Il efface aussi le dièse; mais il remplit bien rarement cette fonction dans le plain-chant, parce que le dièse n'est qu'accidentel. Le bécarre pourrait encore s'employer sans être précédé d'aucun autre signe; par exemple, dans le cas où l'intervalle serait douteux.

Ces mots bémol, bécarre rappellent encore l'usage de noter par lettres. Le *si* étant représenté par b, on a dit *b mol*, *b carre*, comme nous devrions dire aujourd'hui *si mol*, *si carre*, ce qui signifierait *si* doux, *si* plein.

Le dièse hausse d'un demi-ton la note devant laquelle il est placé. Sans qu'il soit marqué, on peut le faire aux septième et huitième tons dans les intonations, repos, finales, lorsqu'après un *si* naturel le chant monte au *sol*; item, aux premier et deuxième tons, quand après un *si* naturel, on monte au *re*. On peut encore dièser le *fa* entre deux *sol* à la finale des septième et huitième, et l'*ut* entre deux *re* à la finale des premier et deuxième. C'est une affaire de goût.

On a inventé le dièse pour avoir la quinte ascendante de *si*. *Ut*, *sol*, *re*, *la*, *mi*, donnent leur quinte juste : *ut sol*; *sol re*; *re la*; *la mi*; *mi si*. Mais pour avoir celle du *si*, il a fallu nécessairement hausser le *fa* d'un demi-ton. Voilà le premier dièse trouvé, et il se place toujours sur le *fa*. Le deuxième se met à l'*ut*, pour avoir la quinte de *fa* dièse, et ainsi des autres.

De même, pour avoir la quinte descendante de *fa*, il a fallu si ♮. Pour avoir celle de si ♭, il a fallu mi ♭, et ainsi des autres en descendant. On verra l'application de ces notions dans la leçon de la transposition.

Quand la note qui doit être altérée par bémol, bécarre ou dièse est liée à d'autres notes précédentes, le signe altératif se place avant la première note de la liaison.

Les barres, demi-barres et doubles barres sont de petites lignes perpendiculaires qui croisent les cordes. Les doubles barres indiquent la fin d'une intonation, d'un répons, d'un verset ou autre pièce, et elles valent un repos d'un temps. Les barres et demi-barres ont été appelées pauses, d'une manière trop générale.

Elles n'ont pas la même destination. Les barres sont véritablement des pauses dans le chant battu. Alors elles valent une carrée en silence. Dans certaines églises on ne les admet point. Libre à chacun de les admettre ou non. Mais il est important que tout le monde, au moins dans la même église, suive le même principe. Tous doivent les observer, ou tous doivent les rejeter. Dans les hymnes et proses mesurées, elles n'ont d'autre usage que de séparer les vers d'une strophe. Les demi-barres dans le chant battu, indiquent la séparation des mots et des périodes, ou la ponctuation, et elles ne doivent point retarder le chant. Leur fonction la plus essentielle, est de limiter chaque mesure dans les pièces à trois et quatre temps. Là, il serait absolument impossible de les regarder comme des pauses.

Le guidon, diversement figuré selon la différence des éditions de livres notés, est un caractère placé à la fin d'une portée, pour indiquer quelle est la première note de la portée suivante. Il est par conséquent toujours posé à la même hauteur qu'elle.

L'astérisque ou petite étoile, annonce dans les versets des psaumes, l'endroit où doit se faire la pause après la médiante. Dans les répons, elle indique la première réclame après le verset ; la seconde réclame, après le *Gloria Patri*, est indiquée par une croix.

Figures pour l'intelligence de cette première Leçon.

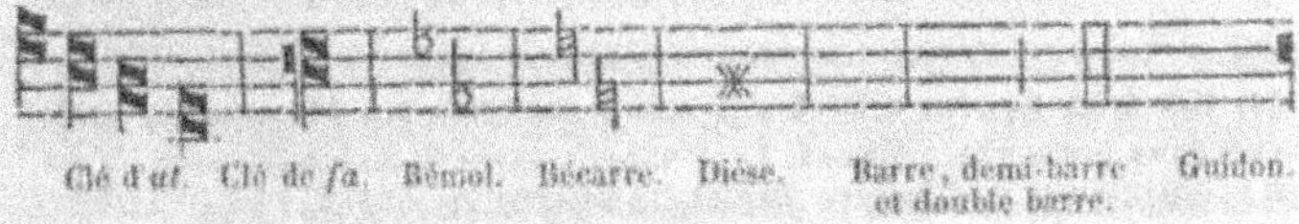

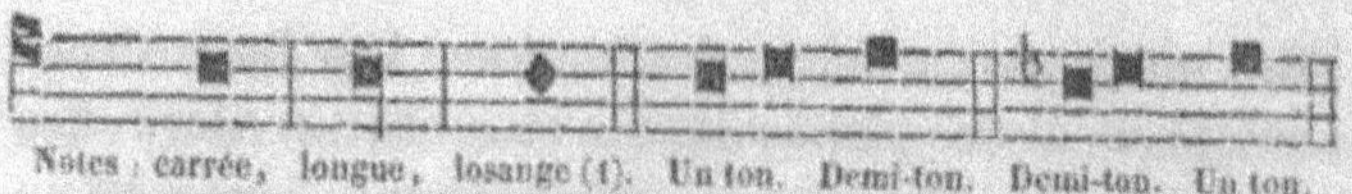

DEUXIÈME LEÇON.

Des Tons considérés comme Sons.

Le plain-chant est composé de tons et de demi-tons combinés. Un demi-ton est le moindre intervalle qu'une voix juste puisse parcourir.

Sur les instruments on peut faire moins d'un demi-ton; c'est ce qui a donné lieu à la division d'un ton en neuf parties, appelées *commas*, et à la distinction des demi-tons majeurs ou diatoniques, lesquels sont formés de deux notes différentes : *mi fa*, *si ut*, et des demi-tons mineurs ou chromatiques formés de deux notes de même nom, comme fa et fa ♯; sol et sol ♯; mi et mi ♭. Nous faisons cette remarque en avertissant que ces divisions sont à peu près inutiles pour la voix.

Une note seule ne forme ni un ton, ni un demi-ton, mais seulement un son. Un ton ou demi-ton est l'intervalle d'une note à une autre. Voici ceux que renferme l'octave de *ut*.

De *ut* à *re*,	il y a un ton.		De *sol* à *la*,	il y a un ton.
re	*mi*,	un ton.	*la*	*si*,	un ton.
mi	*fa*,	un demi-ton.	*si*	*ut*,	un demi-ton.
fa	*sol*,	un ton.			

Les intervalles d'une note à une autre prennent les

---

(1) Ces trois figures différentes indiquent qu'il y a des notes de trois sortes dans notre Plain-Chant. Leur valeur, pour la durée des sons, n'est pas la même. On en verra la différence dans la cinquième leçon.

noms de seconde, tierce, quarte, quinte, sixte, septième, octave, selon que les deux termes sont plus ou moins éloignés.

La seconde est l'intervalle compris entre deux notes voisines ; elle est majeure, si l'intervalle est d'un ton ; mineure, s'il est d'un demi-ton.

La tierce est l'intervalle compris entre une première et une troisième note. Elle est majeure, quand l'intervalle est de deux tons ; mineure, s'il n'est que d'un ton et demi. La tierce mineure est directe ou inverse. Elle est directe, lorsque le demi-ton est en dessus du ton ; elle est inverse, lorsque le demi-ton est en dessous du ton. *Re fa* est une tierce mineure directe, et *mi sol* une tierce mineure inverse.

La quarte est l'intervalle d'une première note à une quatrième. Elle est ordinairement mineure, c'est-à-dire de deux tons et demi. La quarte majeure, ou triton, composé de trois tons, choque l'oreille. On trouve des exemples de trois tons subséquents. Voyez l'antienne du Dimanche, à vêpres, *Qui timet ;* l'hymne *Pange lingua*, le verset de la station du troisième Dimanche après la Pentecôte, etc., etc. Mais dans ces exemples, on ne peut pas dire qu'il y ait triton ; il faut dire plutôt que c'est une suite de trois tons, ou triton en degrés conjoints, lequel est plus supportable que le vrai triton, *fa si*, *si fa*. Celui-là ne se rencontre point. Le triton en degrés conjoints, *fa*, *sol*, *la*, *si*, ou autre, soit en montant, soit en descendant, n'est excusable que quand la voix ne s'arrête point sur la dernière note, et qu'elle passe outre incontinent, comme dans les exemples que je viens de citer, et l'introït *Resurrexit* de Pâques. Quand cette modification n'a pas lieu, le triton se corrige par un dièse, comme dans l'hymne *Verbum supernum*, l'antienne à *Magnificat* de la Trinité, etc., ou par un bémol, comme dans le verset de la procession de la Pentecôte.

Les anciens livres font la différence des trois quartes naturelles, par ces mots *oxypycni*, *mesopycni* et *barypycni*. Quoique ces dénominations aient l'extérieur un peu barbare, elles sont utiles ; conservons-les. (Pycni, tiré du grec *pucnos* signifie espace resserré, c'est à dire demi-ton ; oxy, venant d'*oxus*, signifie la partie haute ou aiguë ; meso indique le milieu, et bary de *barus* la partie basse ou grave.) De sorte que les quartes oxypycnes sont celles où le demi-ton est au haut de l'intervalle, *sol ut*. Les quartes mésopycnes sont celles où le demi-ton occupe le milieu, *re sol*. Les barypycnes celles où le demi-ton est en bas, *mi la*. Ainsi les premières sont la base des quatre derniers tons ; les secondes des deux premiers ; les troisièmes, des troisième et quatrième.

La quinte est la distance d'une note à une cinquième note. La quinte naturelle et majeure est composée de trois tons et demi. Quand elle est composée de deux tons et de deux demi-tons, on l'appelle fausse quinte, et elle n'est tolérable que si elle est en degrés conjoints. La quinte est le plus majestueux de tous les intervalles. C'est pour cette raison, sans doute, que l'introït dans la plupart des fêtes solennelles, telles que Noël, Pâques, l'Ascension, le Sacré-Cœur, l'Assomption, la Toussaint et autres, commence par une quinte. En entendant cette intonation, on comprend dès le commencement quelle est la dignité de la fête qu'on célèbre.

La sixte, ou sixième, est l'intervalle d'une note à sa sixième. Elle est majeure, quand elle renferme quatre tons et un demi-ton ; et mineure, si elle ne renferme que trois tons et deux demi-tons.

La septième n'est guère en usage dans le plain-chant.

Le chant se compose de tous ces intervalles variés et entremêlés : deux sortes de secondes, trois de tierces, quatre de quartes, cinq de quintes, six de sixièmes, sept sortes de septièmes et huit octaves différentes, en tout, trente-cinq intervalles constitués différemment.

L'octave est composé de cinq tons et deux demi-tons. Chaque note a son octave, ou huitième note en dessus. Chaque octave a quatre notes essentielles. La première est la tonique ou finale. La seconde est la médiante, une tierce plus haut. C'est par elle que le mode majeur ou mineur du chant se fait sentir. La troisième est la dominante, qui fait la quinte avec la finale. La quatrième est l'octave ou même note répétée à l'aigu. Remarquez qu'il ne faut pas confondre les notes essentielles d'une octave avec les notes essentielles d'un mode. Il y aurait le plus souvent inexactitude. Ce n'est qu'aux premier, cinquième et septième modes que nous serions d'accord avec les notions que nous venons de donner sur les octaves. Les notes essentielles d'une octave, parlant simultanément font accord, comme *re fa la re*, *ut mi sol ut*, *sol si re sol*. L'accord est majeur, si de la tonique à la tierce il y a tierce majeure, comme dans les octaves de *ut*, *fa*, *sol*. Il est mineur, si de la tonique à la tierce il n'y a qu'une tierce mineure, comme dans celles de *re*, *mi*, *la*, *si*. L'accord est parfait, quand il se compose des notes essentielles d'une octave, comme *ut mi sol ut*, qu'on appelle pour cela *bonnes notes*. Cet accord satisfait l'oreille et peut terminer une phrase de chant. Il est imparfait quand il se compose des autres notes combinées diversement ; il blesserait l'oreille, s'il terminait une phrase.

Exercices pour l'intelligence de cette deuxième Leçon.

Il faut que les commençants se fassent une idée bien juste de tous les intervalles ci-après figurés ; car, sans cela, ils ne pourront jamais dire qu'ils savent le plain-chant. Que leurs maîtres leur disent donc souvent : Faites une tierce majeure, une quinte, etc., et surtout qu'ils le leur fassent pratiquer indépendamment du nom des notes. Au lieu de leur dire, par exemple : Chantez *fa*, *la*, ils feront mieux de leur dire : Faites une tierce majeure en prononçant ces deux mots : *fa*, *sol*. Cet avis est plus utile qu'on ne pense.

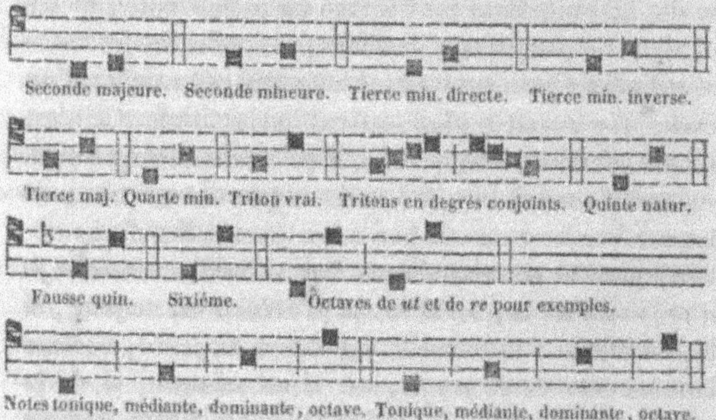

On voit par ces exemples que les tons et demi-tons n'offrent aux yeux aucune différence. C'est la clé toute

seule qui fait connaître les notes et la place que les deux
demi-tons occupent dans la gamme. Il est facile pourtant de figurer tous les intervalles d'une manière sen-
sible ; il n'y a qu'à se servir, au lieu de notes, de lignes
inégalement distantes, selon qu'on veut représenter un
ton ou un demi-ton. Soit pour exemple, ce qui suit :

Seconde majeure.	Seconde mineure.	Tierce majeure.	Tierce mineure directe.

Tierce min. inverse.	Quarte oxypycne.	Quarte mésopycne.	Quarte barypycne.

TROISIÈME LEÇON.

Des Tons considérés comme Modes.

Il y a huit manières de moduler le chant, et par
conséquent huit tons ou modes.

On divise ces huit tons, premièrement, en majeurs
et mineurs. Les tons majeurs sont ceux dont la première tierce d'en bas, en commençant par la finale,
est majeure. Ce sont les quatre derniers, qui ont pour
première tierce, *fa la* et *sol si*. On appelle mineurs,
ceux dont la première tierce est mineure. Ce sont les
quatre premiers, dont la première tierce est *re fa*,
ou *mi sol*.

Secondement, en complets et incomplets. Les tons
complets sont ceux qui parcourent régulièrement l'étendue de leur octave ; les incomplets n'en parcourent
qu'une partie, quoiqu'ils gagnent au-dessous de leur

finale ce qu'ils perdent au-dessus de leur dominante. Les tons des nombres impairs 1, 3, 5, 7, sont complets ; ils parcourent entièrement et régulièrement les octaves de *re*, *mi*, *fa*, *sol* ; 1° pour le 1er : *re*, *fa*, *la*, *re* ; 2° pour le 3° : *mi*, *sol*, *ut*, *mi* ; 3° pour le 5° : *fa*, *la*, *ut*, *fa* ; 4° pour le 7° : *sol*, *si*, *re*, *sol*. Les quatre tons pairs sont incomplets. Cette distinction touche à la suivante.

3° En tons authentiques et tons plagaux. Les 1er, 3°, 5° et 7° sont des tons authentiques ou primitifs. Ils montent à la quinte au-dessus de leur dominante, et ne descendent qu'une seconde au-dessous de leur finale. Les 2°, 4°, 6° et 8° tons sont nommés plagaux ou auxiliaires, ou secondaires. Ils viennent au secours des authentiques pour la partie basse ; car ils descendent quelquefois à la quinte, au-dessous de la finale ou tonique, et ils ne montent ordinairement qu'une tierce au-dessus de leur dominante. Le 2° est plagal du premier, le 4° du troisième, etc.

Cette troisième division des tons en authentiques et plagaux, est un des moyens qu'on emploie pour trouver de quel ton est une pièce de chant, comme il va être dit bientôt.

Les modes peuvent dépasser d'une ou de deux notes l'étendue d'une octave sans perdre pour cela leur caractère primitif ; mais s'ils outre-passent de trois ou quatre notes, soit en-dessus, soit en-dessous, ils passent dans l'authentique s'ils sont plagaux, ou dans le plagal s'ils sont authentiques, et ils deviennent par là irréguliers. Exemples : *Christe quem sedes* ; *Kyrie* solennel ; 9° ℟. du Samedi-Saint ; offertoire du 3° Dimanche après l'Epiphanie. Nous n'appelons pas pour cela *mixtes* ces morceaux qui ne contiennent que deux ou trois notes trop hautes ou trop basses. Nous réservons cette qualification aux morceaux dialogués, tels que proses, *kyrie*, graduels, répons, qui ont une partie en plagal et une autre partie en authentique ; exemples : graduels du Jeudi-Saint, de la Trinité, de la Dédicace, des 11ᵉ, 15ᵉ, 16ᵉ, 17ᵉ Dimanches après la Pentecôte, etc., qui commencent en 6ᵉ et finissent en 5ᵉ ; le répons *Verbum caro*, qui commence en 8ᵉ et finit en 7ᵉ. Les *kyrie* de la Passion et double de la Sainte Vierge ; les proses *Lauda Sion* et *Victimæ Paschali laudes* sont pareillement mixtes, et dialoguées d'un verset à l'autre.

Enfin, les tons se divisent en réguliers, irréguliers et transposés. Les tons réguliers sont ceux qui ont pour finale et pour dominante les notes que nous allons dire. On appelle finale, la note par laquelle une pièce se termine. Notez bien que dans les répons, introïts, graduels, il faut chercher la finale avant le verset. La dominante est la note qui domine dans une pièce, et autour de laquelle le chant paraît toujours revenir.

Le 1ᵉʳ ton a pᵉ finale *re*,	pour dom. *la*,	il est noté en clé d'*ut*.	
Le 2ᵉ	*re*,	*fa*,	de *fa*.
Le 3ᵉ	*mi*,	*ut*,	d'*ut*.
Le 4ᵉ	*mi*,	*la*,	d'*ut*.
Le 5ᵉ	*fa*,	*ut*,	d'*ut* à la 5ᵉ corde.
Le 6ᵉ	*fa*,	*la*,	d'*ut*.
Le 7ᵉ	*sol*,	*re*,	d'*ut* à la 3ᵉ corde.
Le 8ᵉ	*sol*,	*ut*,	d'*ut*.

Une pièce de chant doit toujours se terminer à sa finale. Ainsi, quand on chante sans *alleluia* des pièces terminées par lui, il faut retrancher les notes qui font le chant de l'*alleluia* ou qui y conduisent. On terminera donc ainsi les antiennes : *Quam pulchra es , Tota pulchra es , O quam suavis est.*

Dans la psalmodie, on reconnaît un premier et un sixième ton irréguliers. Cette dénomination d'irrégulier ne leur convient en rien, puisqu'ils ont la même finale, la même dominante et la même clé que les tons réguliers auxquels ils se rapportent. On devrait les nommer simplement variantes du 1er et du 6e ton.

Celui qu'on appelle 4e irrégulier, n'est pas mieux nommé. Il n'est pourtant pas dans le même cas , car c'est une véritable transposition.

Les tons irréguliers sont ceux qui ont la même finale et la même dominante que les réguliers, mais une clé différente , ou la même clé différemment placée. Exemples : le 3e est irrégulier au graduel de l'Octave de Noël, à l'introït de S. Michel ; le 7e est irrégulier au graduel du Saint-Sacrement, à l'*Alleluia* des 6e, 8e, 12e Dimanches après la Pentecôte ; le 8e est irrégulier à l'*alleluia* des Rogations et dans un assez grand nombre de traits (1). Les éditeurs des livres de chant, imprimés

(1) Notez bien que cette étude a été faite dans les livres de chant de l'édition de 1783, laquelle est réputée comme la plus correcte.

en 1825, ont eu déjà l'idée louable de corriger une partie de ces irrégularités. Il est à espérer que ceux qui nous survivront les feront tout à fait disparaitre.

Pour connaître le ton d'une pièce quelconque, il faut en chercher la finale et la dominante. Il ne faut qu'un coup-d'œil pour connaître la finale. La dominante est souvent plus difficile à déterminer ; mais dans le plus grand nombre de cas, il suffit de voir la clé, ce qui ne demande non plus qu'un coup-d'œil, sans prendre la peine de chercher la dominante. Exemple : *Re* finale, clé d'*ut*, 1er ton. *Fa* finale, clé d'*ut*, à la 3e corde, 5e ton. *Sol* finale, clé d'*ut*, 8e ton, etc. Il n'y a que dans le *Graduel*, qui contient les morceaux qu'on chante à la messe, qu'on a besoin de recourir à ce moyen. Dans l'*Antiphonier*, le ton de chaque pièce est indiqué.

Les tons transposés sont ceux qui ont pour finale et pour dominante d'autres notes que les tons réguliers. Pour les connaître, il faut chercher quelle est la finale et la dominante, puis examiner quelle est la distance de l'une à l'autre, si c'est, par exemple, une tierce majeure ou mineure, ou une quarte, ou une quinte. La pièce se rapporte à celui des huit tons dans lequel se trouve le même intervalle entre la finale et la dominante. Je m'explique, en prenant pour exemple *Verbum lumen*. Dans cette prose, la finale est *la*, la dominante *ut*. *La, ut* est une tierce mineure. Quel est celui des huit tons, dont la finale et la dominante font la tierce mineure ? C'est le second. Je conclus que *Verbum lumen* est du 2e transposé. Si vous dites que le 1er et le 5e ont, l'un et l'autre, une quinte entre leur finale et leur dominante, le 4ᵉ et le 8ᵉ une quarte, je réponds : le 1ᵉʳ est mineur et le 5ᵉ majeur ; le 4ᵉ est mineur et le 8ᵉ majeur. Ici, la distinction de *majeur* et *mineur* est nécessaire. Elle ne l'est pas moins si l'on veut user du procédé suivant, au moyen duquel on connaîtra infailliblement auquel des huit tons se rapporte une pièce de chant quelconque, soit régulière, soit irrégulière, soit transposée. On obtient un résultat sûr à force de diviser, de cette manière :

Vous me présentez un morceau de plain-chant, j'en examine la tierce finale ; si elle est mineure, je conclus que cette pièce appartient à l'un des quatre premiers tons ; si cette tierce mineure est directe, je conclus pour l'un des deux premiers ; si le morceau proposé a, dans le haut, l'étendue d'un authentique, j'ai le premier ton ; s'il a dans le bas l'étendue d'un plagal, j'ai le second. Si la tierce mineure finale est inverse, je m'arrêterai aux troisième ou quatrième ; troisième, si l'étendue est d'un authentique ; quatrième, si l'étendue est d'un plagal.

Si la tierce finale est majeure, je dois chercher dans les quatre derniers tons ; mais je ne peux plus procéder tout à fait de la même manière que pour les quatre premiers, parce qu'il n'y a pas deux sortes de tierce majeure ; il faut donc suivre une autre marche. Elle consiste en ce que, au lieu d'examiner la tierce finale, dont la note tonique est le point le plus bas, je fais en dessous de la finale une tierce, dont la tonique sera le point le plus haut. J'obtiens toujours une tierce mineure. Au lieu de *fa la*, *sol si*, j'ai *fa re*, *sol mi*. Alors, opérant comme plus haut, je dis, si cette tierce mineure est directe, j'ai à choisir entre le 5ᵉ, qui est authentique, et le 6ᵉ qui est plagal. Si cette tierce mineure est inverse, j'ai le 7ᵉ si le morceau s'étend en dessus de sa dominante, ou le 8ᵉ s'il descend davantage en-dessous de la tonique.

Exemple : J'ouvre un *Processional*, et je trouve le beau répons *Melchisedech*. La tierce finale, *fa*, *la*, est majeure ; la tierce mineure inférieure, *fa*, *re*, est directe ; l'étendue de ce répons est authentique, donc il est du 5ᵉ. Un autre répons se présente : c'est celui de la procession de la sainte Trinité, *Locutus est*. La tierce finale est mineure directe, ce répons est plagal, je conclus pour le second. Ainsi, lorsqu'un morceau de plain-chant

a sa tierce finale			
mineure, il est de l'un des quatre premiers tons.	Si cette tierce mineure est directe, il est de l'un des deux premiers tons ;	s'il est authentique, 1er ton.	
		s'il est plagal, 2ᵉ.	
	Si cette tierce mineure est inverse, il est du 3e ou du 4e ton ;	s'il est authentique, 3ᵉ.	
		s'il est plagal, 4ᵉ.	
majeure, il est de l'un des quatre derniers tons.	Si la tierce min. infér. à la tonique est directe, il est du 5e ou du 6e ton ;	s'il est authentique, 5ᵉ.	
		s'il est plagal, 6ᵉ.	
	Si la tierce min. infér. inverse, il est du 7e ou du 8e ton ;	s'il est authentique, 7ᵉ.	
		s'il est plagal, 8ᵉ.	

Voici la finale et la dominante des tons transposés.

1er	*la*,	*mi*.

1er   *la*,   *mi*.
2e   *la*,   *ut*.
3e   *la*,   *fa*.
4e   { *si*,   *mi*.
      on   Voilà celui qu'on appelle quatrième irrégulier.
      la,   *re*.
5e   *ut*,   *sol*.
6e   *ut*,   *mi*.
8e   *ut*,   *fa*.

Le 7e ton n'est jamais transposé, et, en général, la transposition est plus ordinaire aux tons plagaux qu'aux authentiques. Exemples :

Exultet laudibus est du 2e; l'offertoire du 3e dimanche de Carême, du 4e; *Ave, Regina*, la communion du dimanche de Pâques, l'introït de la Circoncision, du 6e; l'introït du 1er dimanche de Carême, du 8e.

Figures pour l'intelligence de la troisième Leçon.

Tons majeurs et mineurs.

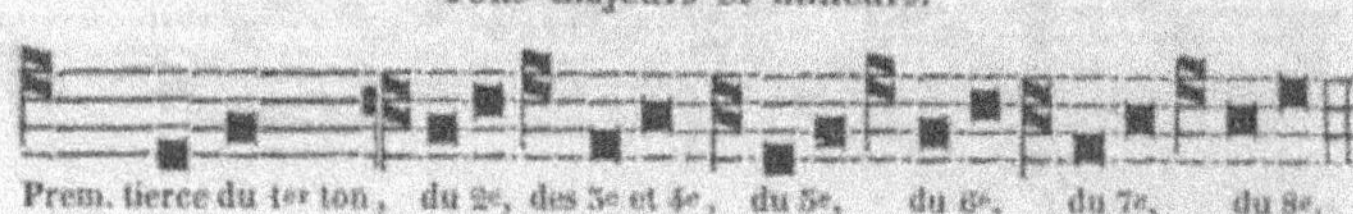

Prem. tierce du 1er ton, du 2e, des 3e et 4e, du 5e, du 6e, du 7e, du 8e.

Étendue des Tons authentiques et des Tons plagaux dans le chant de Rouen.

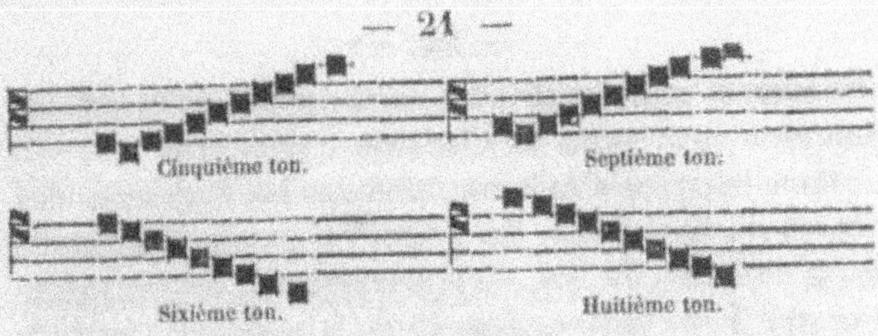

Finale et dominante des Tons réguliers.

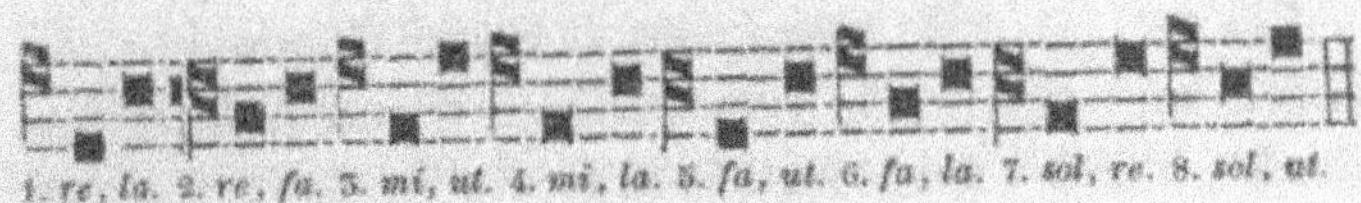

Finale et dominante des Tons transposés.

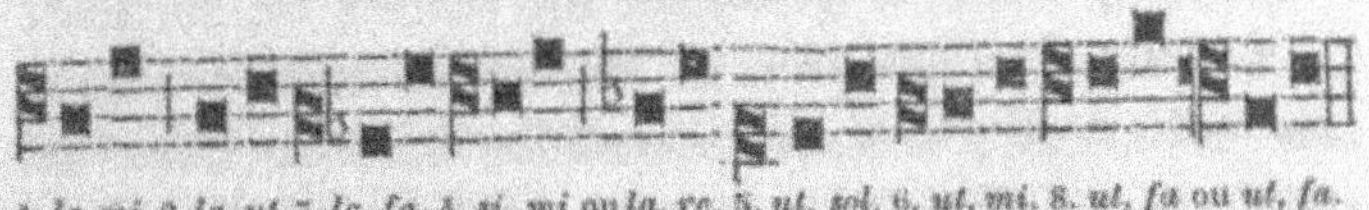

Notes essentielles de chacun des huit Tons.

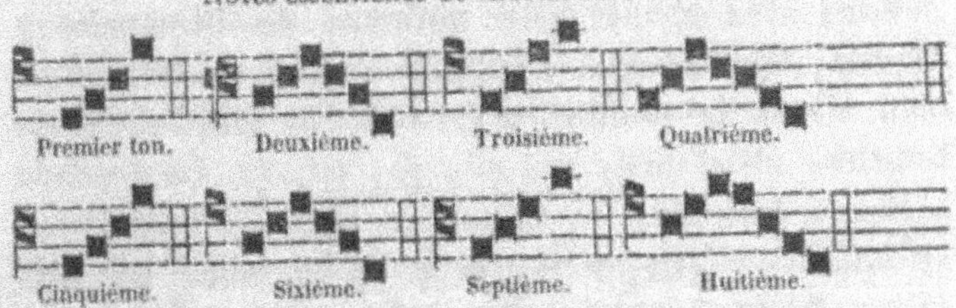

QUATRIÈME LEÇON.

De l'Unisson.

On appelle chanter à l'unisson, accorder au même ton les dominantes de toutes les pièces de chant. Si on chante en *sol* ou en *la*, toutes les dominantes devront être au ton de *sol* ou de *la* du serpent, ou autre instrument régulateur. Le *la* du plain-chant est un demi-ton au-dessous du diapason d'orchestre.

Pour exercice d'unisson, prenons les antiennes des vêpres du Dimanche. La première a pour dominante *la*; la seconde, *fa*. *Fa*, de la seconde doit être au même ton que *la* de la première. *Ut* de la troisième, *re* de la quatrième, seront encore au même ton.

Les 1er, 4e et 6e tons ayant la même dominante, se continuent comme la même pièce; il en est de même des 3e, 5e et 8e, avec lesquels le second a aussi beaucoup de rapport.

Tenir le chant à l'unisson est l'office du serpent. Cela n'empêche pas qu'il ne faille savoir trouver l'unisson soi-même; science nécessaire surtout dans les paroisses où il n'y a pas de serpent. Voici deux manières :

Vous avez chanté cette antienne du Dimanche à Vêpres, *Dixit Dominus*, laquelle finit en *re*. Remontez bien vite à la dominante, en disant souplement de bouche, ou d'idée, *re*, *mi*, *fa*, *sol*, *la*. La seconde antienne *Sanctum*, du 2e ton, a pour dominante *fa*, et commence par *ut*. Mettez ce *fa* au même ton que *la* précédent, et descendez vite, en disant sécrètement, *fa*, *mi*, *re*, *ut*. Entonnez alors, vous êtes à l'unisson.

Cette première manière demande un peu plus de temps; mais elle est plus sûre pour les commençants, qui n'ont pas la dominante dans l'oreille. Le second procédé est plus court, mais plus compliqué. Voici en quoi il consiste. La première antienne finit en *re*, c'est-à-dire une quinte au-dessous de sa dominante; la seconde commence en *ut*, c'est-à-dire une quarte au-dessous de la dominante. Après *Dextris meis*, haussez la voix d'un ton pour entonner *Sanctum*, et vous serez encore à l'unisson.

D'après ce second procédé, on parvient à savoir chanter à l'unisson, sans aucune interruption, toutes sortes de morceaux de différents tons ; et en fait d'unisson, c'est en cela que consiste la perfection.

Observez que l'office doit être chanté plus ou moins haut, selon la dignité des fêtes. La règle la plus généralement suivie, est de chanter en *la* dans les fêtes solennelles, en *sol* dans les triples, en *fa* dans les doubles, dimanches et autres. Observez encore que les petites Heures et les Complies doivent être chantées un ton plus bas que le reste de l'Office.

Voilà les règles générales de l'unisson. On est obligé quelquefois de s'en écarter. Ce n'est jamais dans les antiennes à psaumes, mais dans d'autres morceaux qui ont trop d'étendue, soit en haut, soit en bas. Les 3ᵉ et 8ᵉ tons par exemple pourront être haussés d'un ton, sans que l'oreille soit choquée, s'ils s'étendent beaucoup dans le bas. On fera la même chose, lorsque les modulations de la pièce paraîtront se prêter naturellement à cette dérogation. Ainsi la strophe *O salutaris*, l'*Ite missa est* des Dimanches ordinaires me semblent devoir être commencés deux tons seulement au-dessous de la dominante ; le *Benedicamus* de l'Avent, une quarte. Ces exemples ne concernent guère que l'officiant ; mais ils indiquent assez ce qu'il convient de faire dans les cas analogues. C'est le bon goût qu'il faut prendre pour règle.

Exercice d'unisson, qui peut aussi servir d'exercice de transposition pour un instrument.

Antiennes des Vêpres du Dimanches, en *la*.

Intonation des huit Tons à l'unisson, en sol.

CINQUIÈME LEÇON.

De la Mesure.

La mesure est dans le plain-chant ce qu'il y a de plus essentiel ; car si la valeur des notes est abandonnée au caprice de chacun, il ne peut plus y avoir d'accord, ou bien le caprice de tous ceux qui chantent serait le même, ce qu'on ne peut supposer. Il est donc très-important de s'appliquer à cette leçon.

Disons d'abord qu'il y a trois espèces de chant : 1° le chant libre ou coulé, comme dans les oraisons, épîtres, évangiles, préfaces, psaumes ; 2° le chant battu, comme les morceaux contenus dans le Missel, les antiennes, les répons, et un certain nombre d'hymnes et de proses, comme *Lauda Sion*, *Dona Deus*, etc. ; 3° le chant mesuré, comme un grand nombre d'hymnes et de proses.

Il n'est ni facile, ni nécessaire de prescrire des règles particulières pour la mesure à observer dans le chant coulé ; il suffira de lire ce que nous dirons de la Psalmodie.

Maintenant nous disons qu'il y a dans le plain-chant trois sortes de mesures : mesure à deux temps, mesure à trois temps et mesure à quatre temps.

Mesure à deux temps.

Le chant battu est nécessairement astreint à une certaine mesure, en ce que chaque note doit avoir sa longueur naturelle, ni plus, ni moins, et que ce chant peut se marquer par frappé et levé, comme le chant mesuré. Dans cette espèce de mesure une carrée vaut un temps ;

une longue, un temps et demi ; une losange , un demi-
temps. On peut donc remplir une mesure à deux temps
de plusieurs manières , comme il suit :

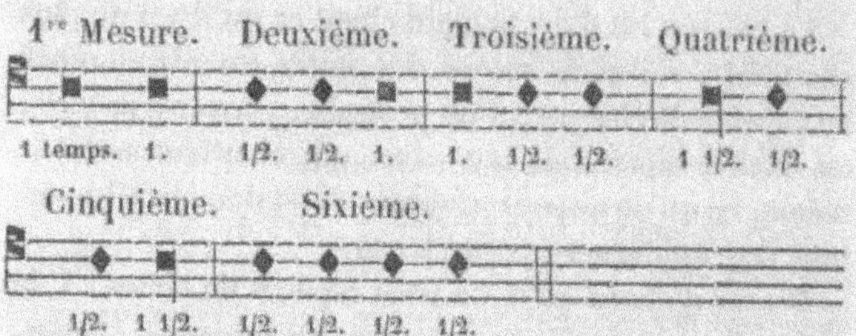

Toute mesure se marque par frappé et levé de la main,
ce qu'on appelle *battre la mesure*. Dans celle dont nous
parlons, le 1er temps se marque en frappant ; le 2e en
levant la main ou le pied , et toujours uniformément.

Cette mesure n'est point distinguée par demi-barres
comme les deux suivantes : cette précaution devenait
inutile à cause de son uniformité.

Un commençant doit s'accoutumer , dès les premiers
exercices , aux règles de la mesure , et ne point prendre
modèle sur des chantres qui vont tantôt vite, tantôt
lentement ; qui appuient fort sur les notes qui con-
viennent à leur voix ; qui s'époumonnent dans les parties
hautes , et abrégent les notes de basse-taille parce qu'on
ne les entend pas ; qui, en un mot, n'ont dans leur
chant d'autres règles que leur caprice , la routine et le
mauvais goût.

On s'est imaginé pendant un certain nombre d'années,
que chanter à notes égales , était chanter en mesure.
Erreur. Cela s'appelle plutôt chanter sans mesure. Cette

méthode est assurément plus facile; elle n'en est pas moins détestable et contraire à toutes les règles. Pourquoi des brèves, si on les fait longues ? Pourquoi apprendre d'une manière et pratiquer d'une autre ? A mon avis, cette manière fatigue l'oreille et fait perdre au latin toute sa grâce.

Mesure à trois temps.

Dans la mesure à trois temps, la note longue n'est point en usage. Si on la rencontre quelquefois, il faut la considérer comme une carrée. La carrée vaut deux temps, et la losange un temps. Ainsi donc se composent les mesures en trois temps :

Première mesure. Deuxième. Troisième. Quatrième.

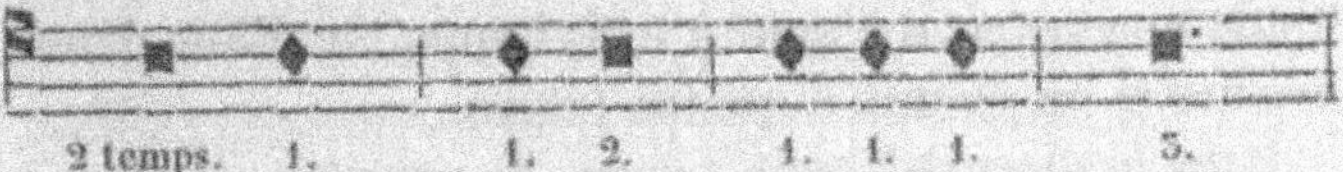

2 temps. 1.   1. 2.   1. 1. 1.   3.

Cette quatrième mesure demande explication. Il n'y a qu'une seule note pour remplir la mesure, et il est hors de doute qu'elle seule ne vaille trois temps. Cette note s'appelle note pointée parce qu'elle est ou doit être accompagnée d'un point à sa droite. Les notes étaient pointées dans le graduel de 1727. Depuis, on a omis le point dans presque tous les livres de chant. Le Processional de 1841 est revenu à la notation régulière. Ceux qui imprimeront du plain-chant dorénavant feront bien de l'imiter. La fonction de ce point est d'augmenter une note de la moitié de sa valeur. Si cette note valait un temps, elle vaudra, étant pointée, un temps et demi. Si elle ne valait qu'un demi-temps, elle vaudra trois quarts de temps. Voyez pour exemple les proses *Prompto gentes*, *Veni sancte*, et l'hymne de Laudes de saint Nicaise.

Chaque mesure à trois ou quatre temps, est enclose entre deux demi-barres. Comme je l'ai déjà dit, les barres ne sont pour rien dans la mesure. Quelquefois une hymne ou une prose commencent par un temps, ou deux temps, comme les proses *Exultet laudibus*, *Solemnis hæc festivitas*, et les hymnes *Omnis dum resonat*, *O luce quæ tuâ*. Cette note seule forme une mesure avec la dernière note de la strophe. Ce qui montre qu'entre chacune des strophes d'une hymne ou prose, il n'y a point de pause, et qu'on doit continuer toute la pièce sans interruption, comme une même strophe; ou si on fait une pause, on doit la faire d'une mesure si on chante à trois temps, ou d'une demi-mesure si on chante à quatre temps.

Dans la mesure à trois temps, le premier se marque en frappant, le deuxième en levant et écartant la main à droite; le troisième, en levant la main encore plus haut. Le premier temps est toujours celui qui suit la demi-barre.

Mesure à quatre temps.

Dans la mesure à quatre temps, la carrée vaut un temps. La longue qui est toujours suivie d'une losange vaut trois quarts de temps. La losange vaut un demi-temps, à moins qu'elle ne soit immédiatement précédée d'une longue; car alors elle ne vaut plus qu'un quart de temps. Exemple:

Première mesure.   Deuxième.   Troisième.

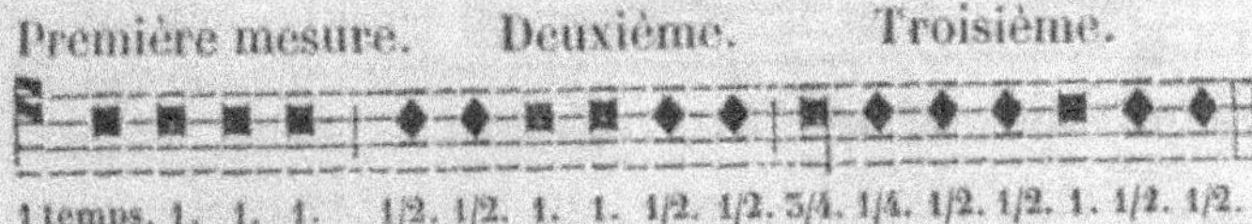

1 temps. 1. 1. 1.   1/2. 1/2. 1. 1. 1/2. 1/2. 3/4. 1/4. 1/2. 1/2. 1. 1/2. 1/2.

Le premier temps se marque en frappant, le deuxième
en écartant la main à droite, le troisième en écartant
la main à gauche, le quatrième en levant la main plus
haut. Exemples : les hymnes : *Nunc novis Christus*,
Christe, *quem sedes*, et les deux dernières strophes de
certaines proses, comme *Verbum lumen*. Voyez la remarque qui suit les exercices de mesure.

Il y a dans le chant mesuré, des temps forts et des
temps faibles. Dans la mesure à trois temps, le 1er est
fort, les deux autres sont faibles. Dans celle à quatre
temps, le 1er et le 3e sont forts, le 2e et le 4e sont
faibles. On doit en chantant faire sentir cette différence,
sans pourtant aller jusqu'à l'excès d'écraser les notes
fortes et de souffler les faibles.

Les élisions ne doivent point ralentir la mesure. On
appelle élision la rencontre de deux voyelles, dont la
première est à la fin d'un mot, seule ou suivie de la
lettre *m*, et la seconde au commencement du mot suivant, précédée ou non de la lettre *h*. La première de
ces deux voyelles est regardée comme nulle dans la
poésie latine. Dans le plain-chant, il n'est pas possible
de faire la même chose. Il faut alors changer une carrée
en deux losanges, ou donner une syllabe à une note qui
n'en a pas, afin que la mesure ne soit soit pas prolongée.
Exemples :

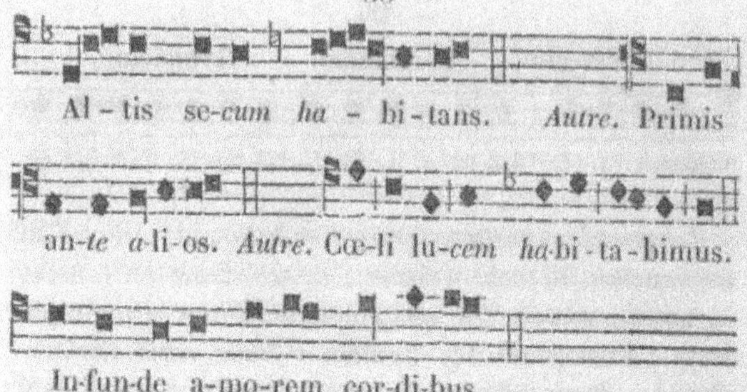

SIXIÈME LEÇON.

De la manière de chanter.

1° Avant tout , observez les règles. Il est difficile à des chantres âgés et routinés de changer de méthode. C'est pourquoi les jeunes gens qui commencent doivent s'étudier à ne jamais s'écarter des principes ; car la routine est un mal affreux et désespérant.

2° On ne doit pas chanter avec orgueil , à gorge déployée et avec toutes sortes de grimaces. Les grands efforts ne sauraient durer longtemps. Après avoir fait beaucoup de bruit en commençant , on sera forcé de baisser ensuite , et cela est fort désagréable. Il y a des gens qui veulent à tout prix que leur voix paraisse ; ils cherchent à dominer le lutrin ; ils font monter le chant ; ils languissent sur des notes qui plaisent et qui font éclat ; ils commencent avant les autres et finissent après. Est-ce là chanter par dévotion et pour la gloire de Dieu ?

3° Il faut éviter de faire des pauses ailleurs que dans les cas où elles sont permises. Si on en veut faire ailleurs qu'aux pauses, par exemple après certaines phrases de chant où l'harmonie paraît demander un *point d'orgue* ou repos à volonté, comme après *et in fines* dans le répons *in omnem terram*, après *resurrexit* dans *Regina cœli*, il est nécessaire de bien s'entendre auparavant, afin de les faire unanimement, et encore, il ne faut les admettre qu'entre deux mots et deux notes placés à la même hauteur. Cela regarde le maître de lutrin. On accorde que, pourvu qu'il ne blesse point les principes, il lui est toujours permis de diriger le chant de la manière qu'il juge la plus convenable. Les pauses sont permises plus souvent à celui qui chante seul, parce que la respiration pourrait lui manquer, s'il ne prenait haleine. Où doit-il les faire? Cela est libre; cependant le moins possible au milieu d'un mot; et, quand il le faut, jamais immédiatement avant de prononcer une syllabe; toujours une ou deux notes avant. Quand on chante en chœur, chacun reprend haleine à son tour, sans que la mesure de la pièce soit retardée. On doit surtout éviter de faire des pauses entre deux mots qui dépendent l'un de l'autre, ce qu'on appelle *point de savetier*. Mais n'y a t-il pas de pause au milieu d'une double note? Je pense qu'il est naturel et plus harmonieux d'en faire une, lorsque les deux notes sont séparées, comme dans les neumes. Et dans ce cas, entre ces deux notes il faut faire une pause d'un temps. Si elles se touchent, il faut les considérer comme une seule note carrée. Exercez-vous à chanter ainsi le trait du Dimanche des Rameaux, qui renferme une vingtaine de notes doubles, que vous regarderez comme simples. La note double ne doit s'observer qu'à la fin d'une intonation et de toute espèce de pièces, où elle est toujours indiquée avant d'arriver à la dernière note.

4° Chantez au lutrin; il y aura plus d'uniformité. Il est possible que les Graduels et Antiphoniers contiennent des fautes qui ne se trouveront pas dans un livre d'office. Il vaut mieux alors faire la faute en chœur que de chanter chacun à sa manière. Le livre du lutrin est le livre-maître auquel tous les livres particuliers doivent obéir. Lorsqu'on chante en chœur, on n'est pas dispensé de suivre les règles; mais il est plus essentiel que tous les chantres n'aient qu'une seule et même voix qui charme les oreilles par leur accord et touche le cœur.

5° Attachez-vous à bien prononcer. Pourquoi tant d'aspirations, tant de coups *de hache* : Ky, *hy hy hy rie hé hé hé hé!* Pourquoi des *n* à tout propos : *Nagnus, net in terra pax?* Pourquoi tant d'affectation : *exa oudi* pour *exódi, diguenum met justum est* pour *dignum et, allema* pour *alma?* Quelques règles particulières sont nécessaires pour les mots en *in* et en *im*. 1° Le monosyllabe *in* se prononce comme il est écrit, *i-ne*; 2° on prononce encore ainsi l'*in* suivi dans un même mot de *h*, *inhabitat*; de deux *n*, *innocens* ou d'une voyelle, *iniquitas*; 3° *In* suivi dans un même mot, d'une consonne, se prononce *ain*, *intelligit*; 4° *im* suivi d'un autre *m*, ou d'une voyelle, se prononce *i-me*, *immolabit*, *imagine*; 5° *im* suivi d'une consonne se prononce *aim*, *imperium*. Il est encore bon d'observer que, quand une syllabe porte plusieurs notes, il ne faut pas faire sentir la consonne termi-

nale du mot à chaque note, en disant : *charitas-as-as*,
mais plutôt *charita-a-as*.

6° Évitez les fredons et les cadences. Quand on chante
en chœur, ils n'ont d'autre effet que de troubler l'harmonie. Celui qui chante seul doit encore en être très-
sobre. Une cadence rare et faite à propos est agréable
par une voix seule. Si elle se réitère, elle l'est moins.
Si elle est fréquente, elle est ennuyeuse et insuppor-
table. Le plain-chant est beau par lui-même; les or-
nements dont on le charge le désagréent. De même
qu'il n'y a de belles voix que les voix rondes et unies.

7° Il ne faut pas moins éviter les accords ou faux-
bourdons. Je ne disconviens pas que le contre-point ne
soit élégant et fort touchant. Pour s'en convaincre, il
suffit d'assister aux offices de la Cathédrale. Mais pour
être beaux, les faux-bourdons doivent être exécutés à
part, et les voix en fausset qui percent par hasard au
milieu d'un flot de voix, nuisent à la beauté du chant.
Chantez le plain-chant tout pur, et chantez-le bien, ce
sera déjà quelque chose de beau. Si, quoique j'aie dit
précédemment que les faux-bourdons me paraissaient à
moitié chimériques à la campagne (paroles que je suis
loin de rétracter), ils sont devenus pour vous une nécessité, vous en exécuterez quelquefois, soit; mais vous y
serez tout entiers. Ce sera du plain-chant à part et du
contre-point à part.

8° Donnez à chaque morceau l'accent qui lui convient.
Ceci s'adresse surtout à ceux qui savent le latin; car il
n'est pas si facile aux autres, qui ne comprennent pas ce
qu'ils chantent, de faire la distinction d'une pièce à
une autre. Il serait absurde de donner le même accent

à *Inviolata* et *Regina cœli*; à *Dies iræ* et *Victimæ paschali laudes*, par la raison que ces divers morceaux n'expriment point les mêmes sentiments.

C'est ici le lieu de dire un mot en passant, de la beauté du plain-chant. Il y a dans notre chant d'Eglise une véritable poésie. Ce n'est point celle de la musique. Vous n'y trouverez point le gracieux, la légèreté, la précision, le sentimental, les passions de la musique; mais en revanche, il renferme quelque chose de plus sévère, de plus mâle, de plus majestueux, et par là même, de plus convenable au culte de Dieu. L'un et l'autre ont leur place; la musique dans les salons dorés, le plain-chant dans les vieilles basiliques. Celui-ci parle au cœur plus qu'aux oreilles. Par ses modulations imitatives, il frappe, il touche, il instruit. Est-il possible d'assister aux offices de Pâques et de l'Ascension, sans comprendre qu'il s'agit d'un triomphe; et à ceux de l'Avent, sans entendre les soupirs des Prophètes, sans gémir avec les enfants d'Adam, sans espérer avec eux; et à ceux de la Semaine-Sainte, sans pleurer sur les malheurs de Jérusalem ? On ne remplacera pas le chant du *Rorate* ni celui des lamentations de Jérémie.

Et sans considérer les Offices dans leur ensemble, que de traits imitatifs ne rencontrons-nous pas dans les offices les plus simples, dans des morceaux détachés ? Qu'on lise seulement les *Credo*, on verra que ces passages, *Descendit de cœlis*, *Resurrexit à mortuis*, *Ascendit in cœlum* y sont rendus par le genre de modulation qui leur convient. L'office de l'Ascension est plein de semblables traits. La transition surtout du répons de la procession à celui de la station, à l'unisson, produit un effet inimitable. Voyez Satan tomber du ciel dans le 2ᵉ ℟. des matines de saint Michel ; le triomphe de la Croix dans la station de la Passion ; les bourreaux préparant les instruments de martyre dans l'introït de saint Sébastien. Dans une foule de répons et d'antiennes, vous entendrez aussi parler la colère, la douleur, l'admiration, la reconnaissance, etc.

Voilà la poésie imitative du plain-chant. La loi de ne mettre jamais les modulations en contradiction avec le sens des mots a été si scrupuleusement observée, qu'à l'antienne de *Magnificat* du 10ᵉ dimanche après la Pentecôte, on a cru devoir plutôt faire une faute de rubrique en ajoutant *alleluia* que de chanter *exaltabitur* en descendant à la finale.

Il est donc évident qu'il faut, en chantant, s'exprimer d'une manière douce, forte, triste ou triomphante tour à tour. Or, pour donner en chœur à chaque morceau l'accent qu'il demande, il faudrait, 1° avoir à chaque lutrin un maître de chant qui pût, d'un seul mot, diriger toutes les voix ; 2° adopter quelques-unes des expressions usitées dans la musique. J'indique ici, avec leur signification, celles qui me paraissent nécessaires. Les cinq premières marquent les cinq degrés de vitesse qui peuvent être adoptés dans le plain-chant.

Largo,	signifie : lentement, et répond à peu près au n° 40 du Métronome ; c'est-à-dire quarante temps à la minute.
Adagio,	posément et un peu plus vite ; répond au n° 72.
Andante,	mouvement de marche. Répond au n° 100.
Allegro,	gaîment. Répond au n° 132. Ce mouvement convient à nos Proses à trois temps.
Presto,	vite. Répond à 160. Il serait inconvenant d'outrepasser.

Forté,	fortement, appuyer sur les notes, sans pourtant les hacher à coups de gosier.
Grazioso,	gracieusement, sans gêne.
Maëstoso,	majestueusement, avec dignité.
Piano,	doux, couler les notes sans être langoureux.

Ce sont des mots d'ordre que tous les chantres doivent connaître. Si on entonne le répons de Pâques *Quicumque*, le premier chantre dira : *forté*, *adagio*. Ces deux mots suffiront : ce répons sera chanté comme il faut. L'antienne de Magnificat aux fêtes solennelles : *largo*. On la répète après le cantique : *adagio*. Cela me conduit à cette dernière remarque.

9° Il y a certaines pièces qu'il convient de chanter plus vite ou moins vite que les autres. L'introït étant ce qu'il y a de plus solennel, est aussi de tous les morceaux celui qui doit se chanter le plus lentement. Il en est de même de la procession et de l'offertoire. Le graduel, la communion, les répons, *adagio*, etc. Les antiennes, les proses et les hymnes, *andante*. La reprise de l'introït et des répons, la répétition des antiennes doivent gagner un degré de vitesse. Moins aussi les fêtes sont dignes, plus on doit chanter vite, mais jamais assez vite pour ne pas être entendu distinctement. Les chantres ont besoin de se rappeler de temps en temps qu'ils chantent les louanges de Dieu, et que, sans s'écarter de ces principes, ils doivent toujours le faire d'une manière grave et recueillie.

10° Que les serpentistes aussi comprennent bien leur mission. Puisqu'ils sont posés pour régler le chant et le soutenir, ils doivent avant tout se familiariser avec les principes et la transposition. Mais ce n'est pas tout. Ils doivent comprendre aussi qu'en jouant, ils ont autre chose à faire que des fanfares et des roulades. Les bons serpentistes en sont très-avares ; mais les médiocres s'imaginent que leur vocation est de faire du bruit. Aussi en font-ils ; surtout si, dans une petite église de campagne, ils offrent l'*avantage* d'être deux, quand un seul serait déjà presque trop. C'est à qui mieux mieux. Les chantres ne s'entendent plus ; et qu'est-ce que les assistants entendent ? Le serpent ne doit pas dominer tellement la voix des chantres, qu'on ne puisse les entendre. S'il y a peu de voix, qu'il adoucisse son jeu. Ce sera un talent bien plus précieux que celui de faire de gros *re* et de gros *la*. Le serpent doit donner les intonations par une ou deux notes, et rien de plus. Qu'il se garde bien de continuer avec un chantre qui fait le *solo*. Qu'il se repose aussi pendant la psalmodie. Le psaume montera peut-être ou descendra. Il ne s'agira que de remettre l'antienne à son ton. Cette pratique vaudra évidemment mieux que de tirer l'un contre l'autre pendant tout un psaume.

SOLFÈGE POUR EXERCICE.

Je renvoie après ces exercices la septième leçon, qui concerne la psalmodie. Elle sera mieux placée, puisqu'on ne peut étudier ni pratiquer la psalmodie sans savoir le plain-chant.

On appelle solfier, nommer les notes par leur nom et à leur ton. Réunir les paroles aux notes sans les nommer, s'appelle chanter à la lettre. On ne doit en venir là, que quand on solfie couramment et aussi facilement que si on lisait un livre. Et si, en chantant à la lettre, on rencontre quelques difficultés, on doit solfier la pièce avant de passer outre. Je n'ai point renfermé, dans cette méthode d'exercices, de chant à la lettre ; ceux qui seront assez avancés en trouveront partout. Ils auront soin pourtant de commencer par des morceaux en clef d'*ut*, et ils réserveront la clef de *fa* pour la dernière.

Gamme naturelle :

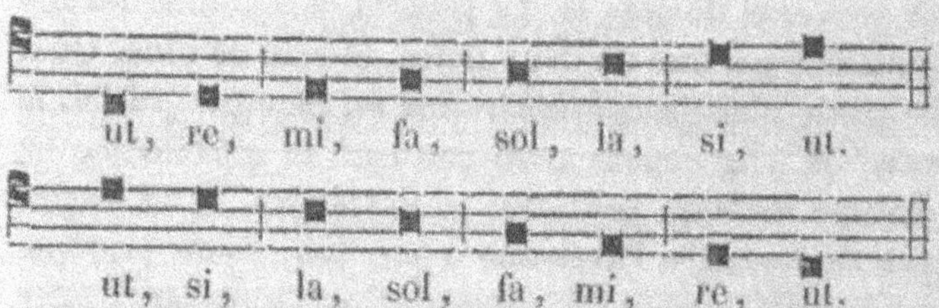

Secondes majeures et mineures, en degrés conjoints.

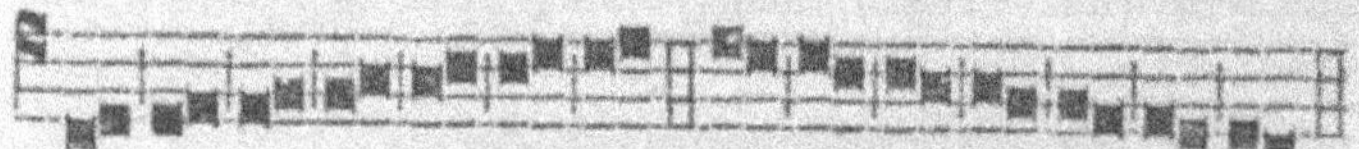

L'octave étant composée de cinq tons et de deux demi-tons, ce qui équivaut à douze demi-tons, on la décompose en ses douze demi-tons par le moyen du dièse et du bémol, et on a la gamme dièsée et bémolisée que voici. Les commençants ne s'y arrêteront point ; ils y reviendront plus tard. Je leur réitère ici l'avis de donner à toutes les notes leur valeur, afin de s'accoutumer à la mesure dès le commencement de leur étude.

Gamme dièzée et bémolisée.

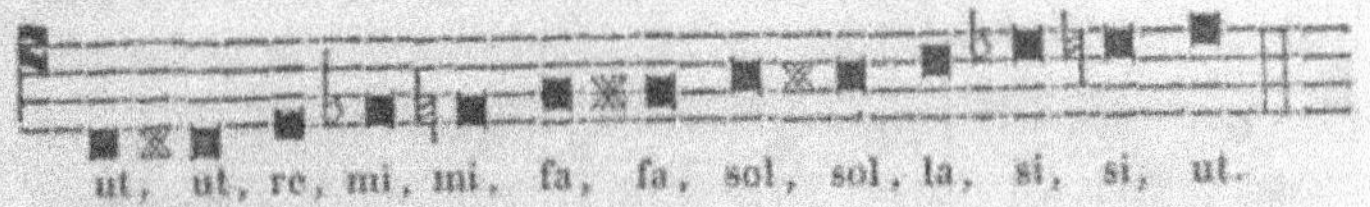

ut, ut, re, mi, mi, fa, fa, sol, sol, la, si, si, ut.

Tierces en degrés conjoints.

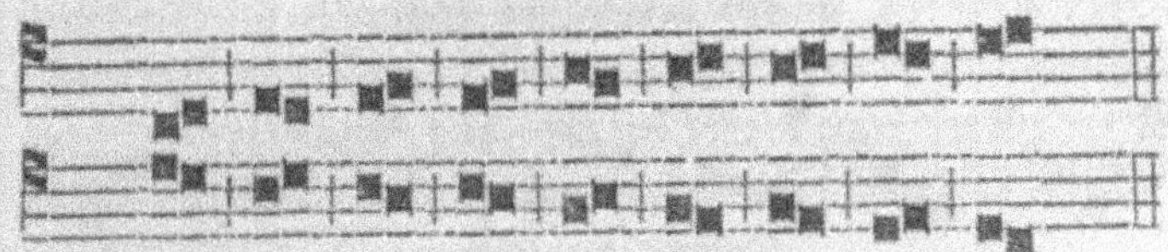

Tierces par intervalles.

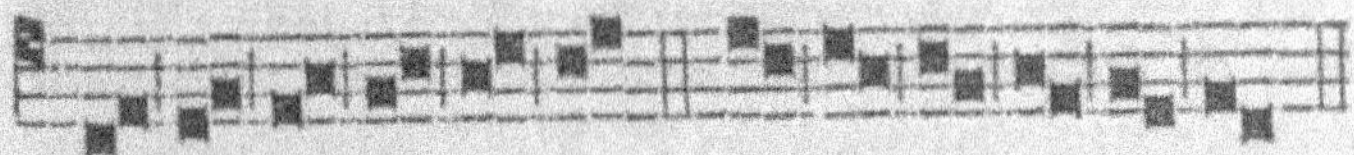

Quartes en degrés conjoints.

Quartes par intervalles.

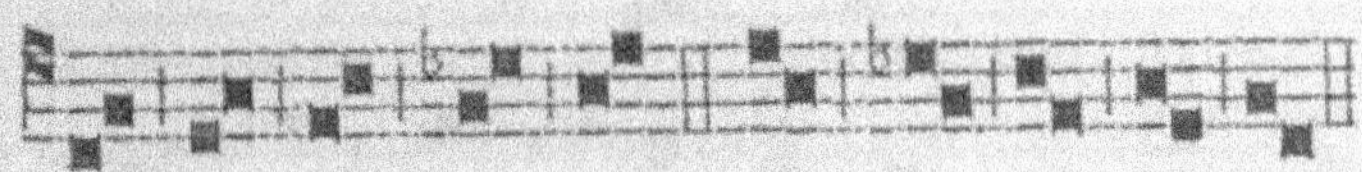

Quintes en degrés conjoints.

Quintes par intervalles.

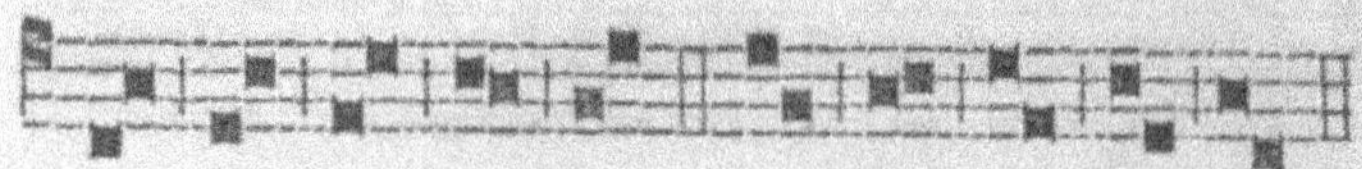

Divers intervalles réunis.

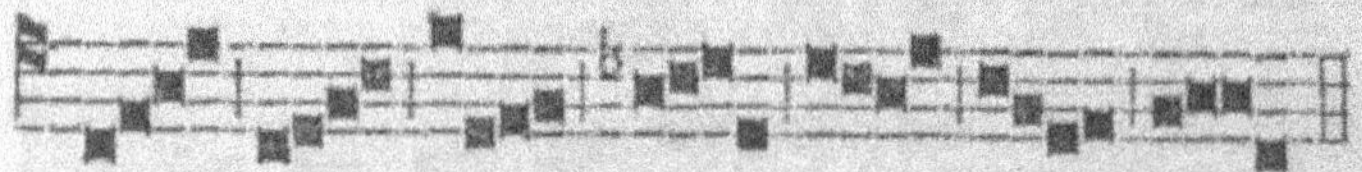

Au lieu de donner aux commençants des exercices dans chacune des huit octaves, j'ai cru plus utile de leur en donner dans chacun des huit tons, après avoir donné pour préparation aux 2e, 5e et 7e tons les gammes de la clef d'*ut* à la 3e corde, et de la clef de *fa*.

Premier Exercice en premier ton.

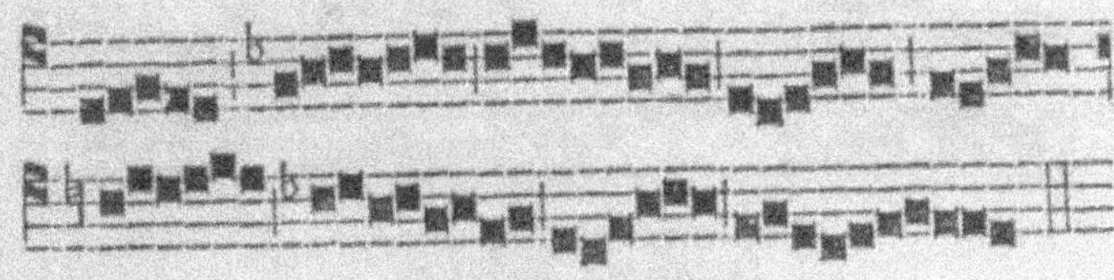

Second Exercice.

Après les deux petits exercices indiqués pour chaque ton, solfiez dans un Processional quelques répons du même ton.

Premier Exercice en deuxième ton.

Second Exercice.

Premier Exercice en troisième ton.

Deuxième Exercice.

Premier Exercice en quatrième ton.

Deuxième Exercice.

Premier Exercice en cinquième ton.

Second Exercice.

Premier Exercice en sixième ton.

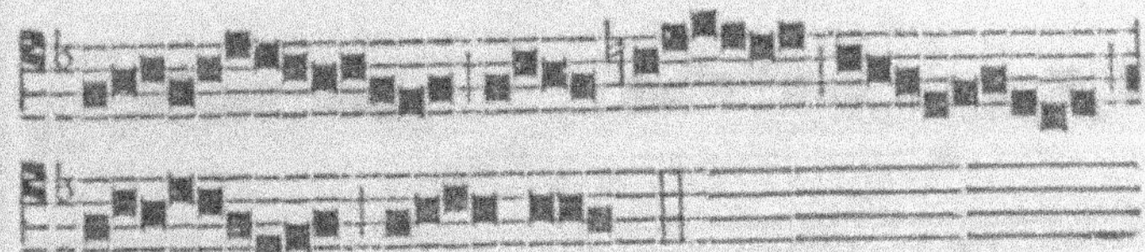

Deuxième Exercice.

Premier Exercice en septième ton.

Deuxième Exercice.

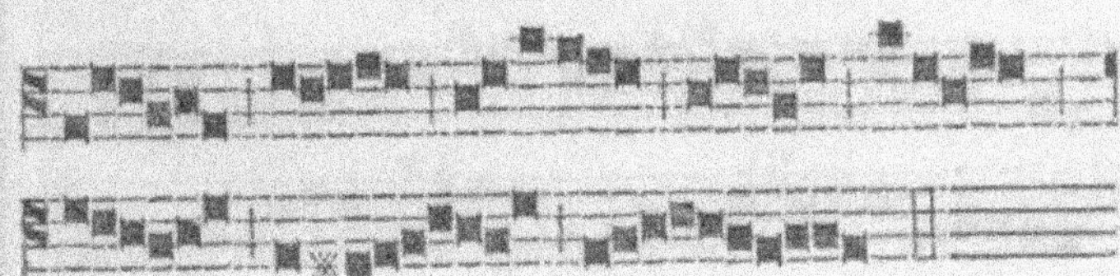

Premier Exercice en huitième ton.

Deuxième Exercice.

EXERCICES POUR LA MESURE.

Mesure à deux temps, ou Chant battu.

Autre.

Autre.

Autre plus compliqué.

Hymnes mesurées à trois et quatre temps.

Je réunis ici tous les chants d'hymnes mesurées. Ce sera un excellent exercice pour les élèves, et en même temps un hymnier abrégé et correct. Les difficultés sont graduées, et la manière de compter les temps de la mesure est indiquée sur quelques-uns.

1° Hymnes à trois temps.

2. 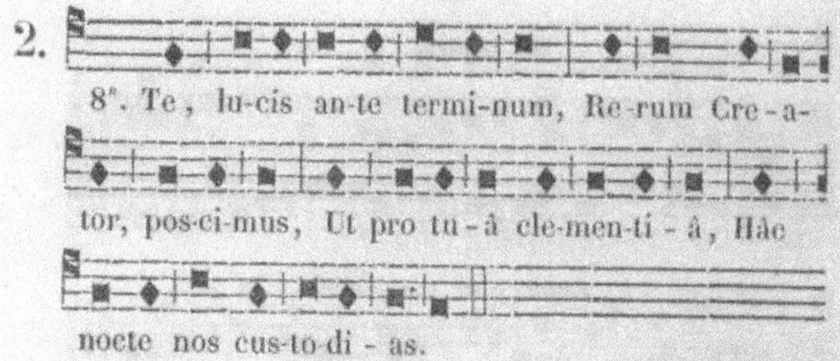

8ᵃ. Te, lu-cis an-te termi-num, Re-rum Cre-a-
tor, pos-ci-mus, Ut pro tu-â cle-men-ti-â, Hàc
nocte nos cus-to-di-as.

3. 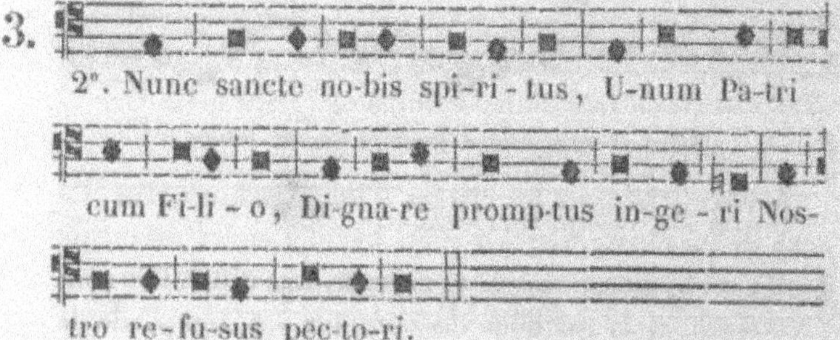

2ᵃ. Nunc sancte no-bis spi-ri-tus, U-num Pa-tri
cum Fi-li-o, Di-gna-re promp-tus in-ge-ri Nos-
tro re-fu-sus pec-to-ri.

4. 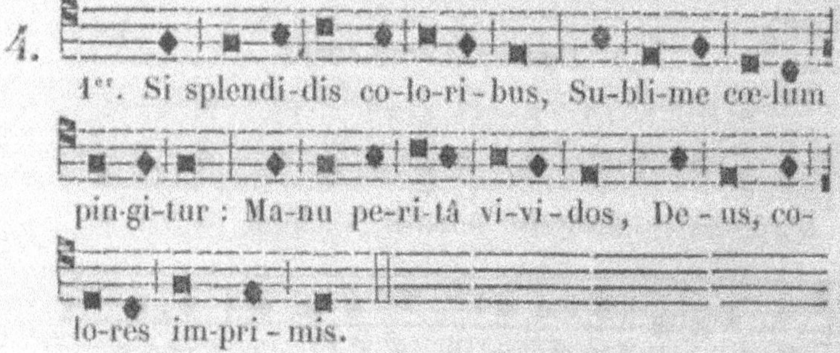

1ᵉʳ. Si splendi-dis co-lo-ri-bus, Su-bli-me cœ-lum
pin-gi-tur : Ma-nu pe-ri-tâ vi-vi-dos, De-us, co-
lo-res im-pri-mis.

5. 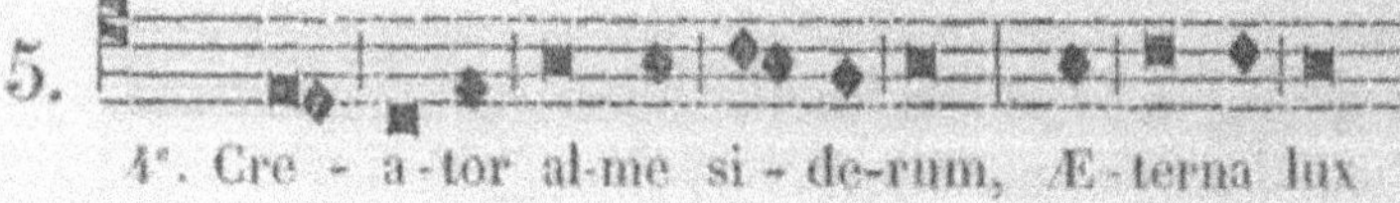

4ᵉ. Cre-a-tor al-me si-de-rum, Æ-terna lux

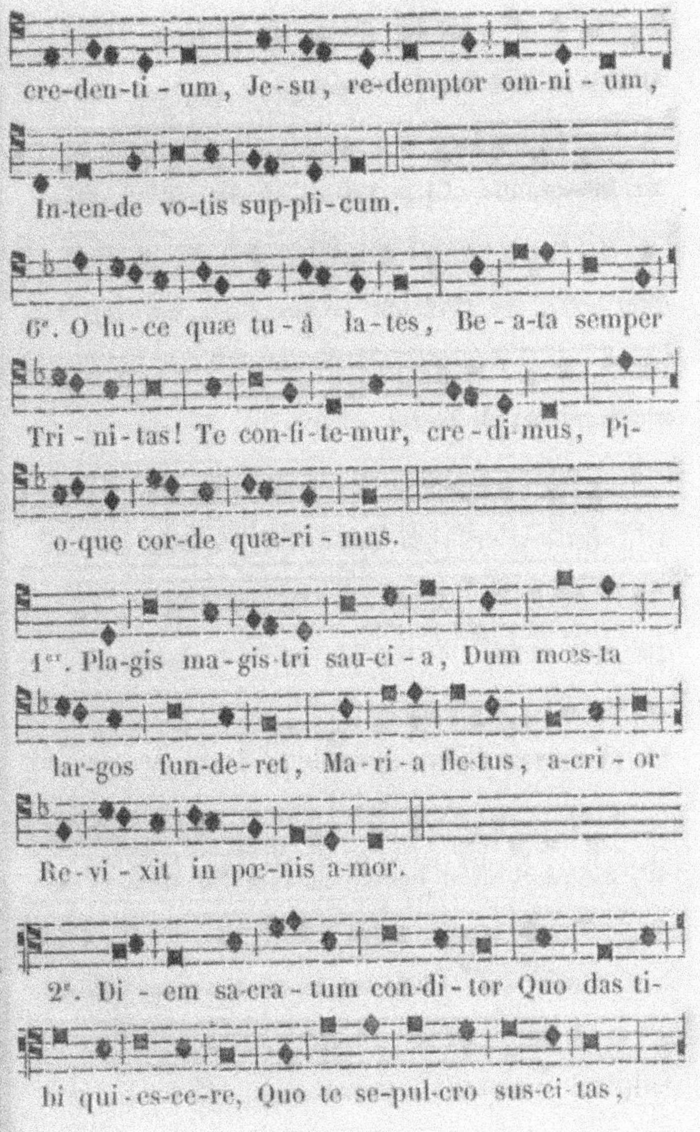
cre-den-ti - um, Je-su, re-demptor om-ni - um,
In-ten-de vo-tis sup-pli-cum.
6°. O lu-ce quæ tu - â la-tes, Be - a-ta semper
Tri - ni - tas! Te con-fi-te-mur, cre - di-mus, Pi-
o-que cor-de quæ-ri - mus.
1er. Pla-gis ma-gis-tri sau-ci - a, Dum mœs-ta
lar-gos fun-de-ret, Ma-ri-a fle-tus, a-cri - or
Re-vi - xit in pœ-nis a-mor.
2e. Di - em sa-cra - tum con-di - tor Quo das ti-
bi qui-es-ce-re, Quo te se-pul-cro sus-ci - tas,

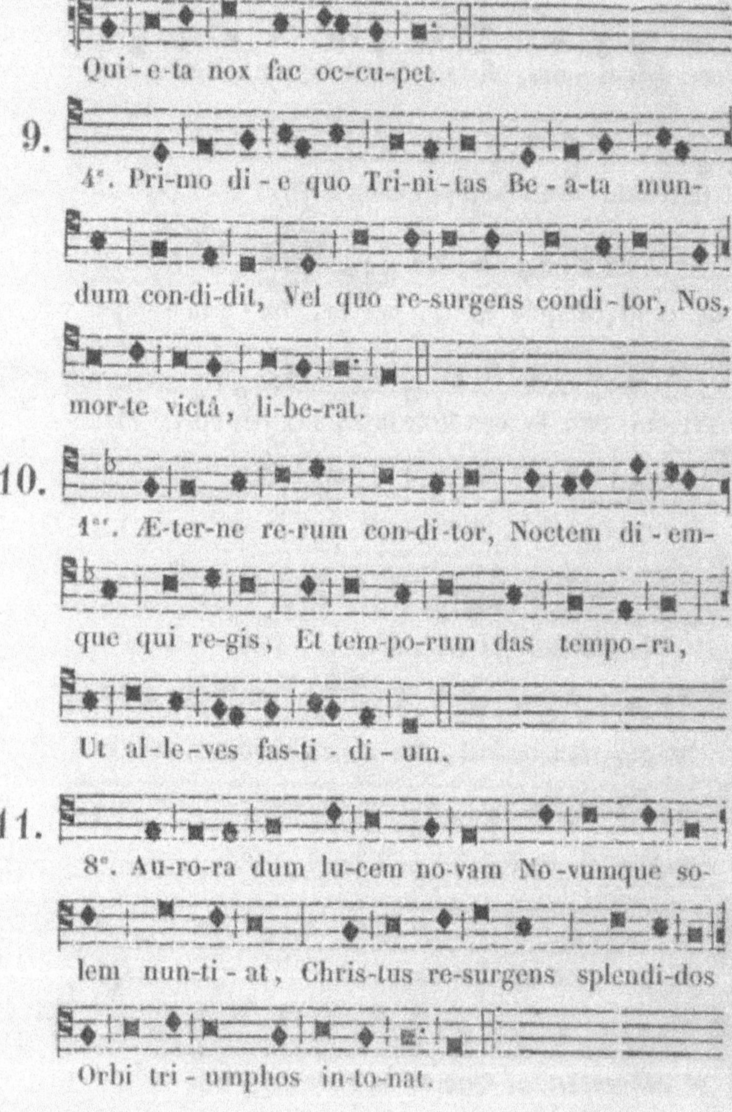

Qui - e -ta nox fac oc -cu-pet.

9.

4ᵉ. Pri - mo di - e quo Tri - ni - tas Be - a - ta mun -

dum con-di-dit, Vel quo re-surgens condi - tor, Nos,

mor-te victâ, li-be-rat.

10.

1ᵉʳ. Æ-ter-ne re-rum con-di-tor, Noctem di - em-

que qui re-gis, Et tem-po-rum das tempo-ra,

Ut al-le-ves fas-ti - di - um.

11.

8ᵉ. Au-ro-ra dum lu-cem no-vam No -vumque so-

lem nun-ti - at, Chris-tus re-surgens splendi-dos

Orbi tri - umphos in-to-nat.

6°. Pul-sum pa - ter-nis se-di-bus, Umbris tot an-
nos obsi-tum, Cœ - les-tis i-gna-rum vi - æ, Er-ra-
bat humanum ge-nus.
4°. Verbum su-per-num pro-di - ens È pa-tris
æ-terni si-nu, Qui na-tus orbi sub-ve-nis, La-
bente cursu tem-po-ris.
2°. Cœ-les-te verbum perso-nat, Audi-te grex
fi-de-li - um : Vox clara terris in-to-nat, Sa-lus
a-dest mor-ta - li - um.
1°. Hæc illa so - lemnis di - es, Di - es sa - lu-

tis nun-ti-a, Quâ missa cœ-lo, tris-ti-bus,
Ve-ne-re ter-ris gau-di-a.
16.
8. Je-su sa-cerdo-tum de-cus, In hâc di-e,
quâ glo-ri-â Sanc-tum co-ro-nas præ-su-lem,
Vo-tis a-desto suppli-cum.
17.
4. Pas-cha-lis A-gni nup-ti-is, Agni redempti
sangui-ne, Tu-ti-que, mer-sis hos-ti-bus, Ades-
te, Chris-ti mi-li-tes.
18.
2. Par-tà tu-is la-bo-ri-bus, Qui jàm po-ti-ris
glo-ri-â, Quos hic re-lin-quis or-pha-nos, Nos,

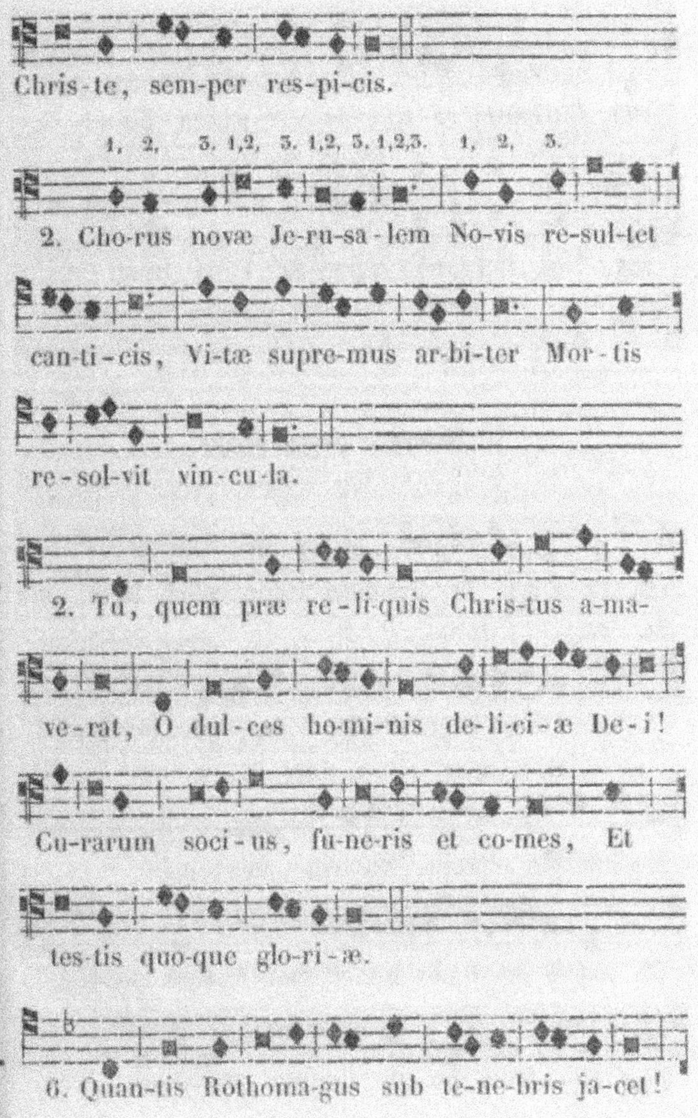
Chris-te, sem-per res-pi-cis.
1, 2, 3. 1,2, 3. 1,2, 3. 1,2,3. 1, 2, 3.
2. Cho-rus novæ Je-ru-sa-lem No-vis re-sul-tet
can-ti-cis, Vi-tæ supre-mus ar-bi-ter Mor-tis
re-sol-vit vin-cu-la.
2. Tu, quem præ re-li-quis Chris-tus a-ma-
ve-rat, O dul-ces ho-mi-nis de-li-ci-æ De-i!
Cu-rarum soci-us, fu-ne-ris et co-mes, Et
tes-tis quo-que glo-ri-æ.
6. Quan-tis Rothoma-gus sub te-ne-bris ja-cet!

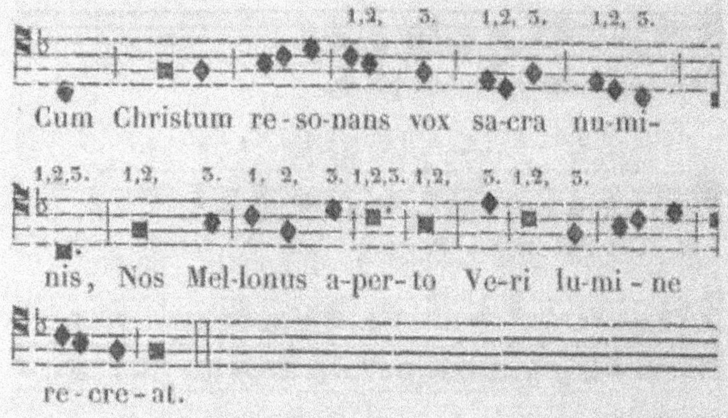

2° *Mesure à quatre temps.*

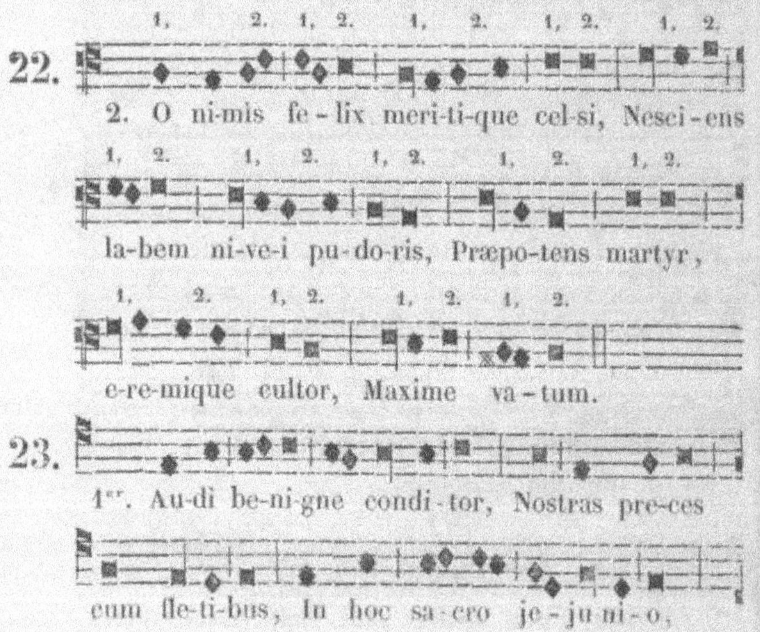

Fu-sas qua-dra-ge-na-ri - o.
1,2, 3, 4. 1,2, 3,4. 1 1/2, 1/2, 5, 4. 1,2, 3,4.
6. Chris-te fons ju-gis sa-li - entis un-dæ,
1,2, 3, 4. 1,2, 3,4. 1 1/2. 1/2, 5, 4. 1,2, 5,4. 1,2, 3, 4.
pecto-ris sacros a - pe-ri re-ces-sus; Ut De - o
1,2, 3,4. 1 1/2, 1/2, 3, 4. 1,2, 5,4, 1 1/2, 1/2, 5, 4. 1,2, 5,4.
ple - nos bi - bat ore pu-ro, Spi - ri-tus am - nes.
8. Nunc novis Christus ce-lebre-tur hymnis, Vic-
tor in-signes a-gi-tat tri - umphos, Qui su - o,
le-tum domi-numque le-ti, Fu-ne-re vincit.
4. 1, 2,3, 4. 1, 2, 3, 4. 1,
5. Chris-te quem se-des re-vo-cant pa-ter-næ,

Les Nᵒˢ 22, 24 et 26 montrent que la mesure à quatre temps peut se marquer et se frapper de plusieurs manières. Les chiffres indiquent suffisamment quelle est la valeur des notes dans chacune de ces manières. Si on veut marquer à quatre temps les nᵒˢ 22 et 24, il faudra donner à la carrée deux temps, à la longue un et demi, à la losange un temps, ou un demi-temps si elle est placée immédiatement après une longue. Mais quoiqu'on puisse plus facilement la marquer et la frapper à deux temps, il ne faut pas la confondre avec celle dont j'ai parlé d'abord, la valeur des notes ne pouvant être la même.

SEPTIÈME LEÇON.

De la Psalmodie.

La Psalmodie est la manière de chanter les psaumes.

Il y a trois sortes de Psalmodie. La Psalmodie directanée, dont nous n'avons pas à parler, parce que le plain-chant n'y est pour rien. Elle consiste à réciter les psaumes *recto tono*. C'est uniquement la récitation de l'office, à deux chœurs, avec une légère pause à la médiante et à la fin de chaque verset. La Psalmodie *à fa in re* usitée pour le *Miserere*, le *De profundis* dans certaines circonstances, les psaumes de la pénitence le Mercredi des Cendres et le Jeudi-Saint, les versets sacerdotaux et autres. Elle consiste à chanter un psaume *recto tono*, en allongeant la dernière note à la médiante avec un repos, et en allongeant la pénultième pour tomber à la dernière syllabe une tierce mineure au-dessous de la teneur. Enfin, la Psalmodie solennelle dont nous allons parler.

Un psaume se chante toujours à la dominante. Il y a cependant trois parties dans chaque verset qui s'en écartent plus ou moins : l'intonation, la médiante et la terminaison. Ce sont trois modulations différentes dans chacun des huit tons ; l'une est au commencement du verset, l'autre au milieu avant l'astérisque, la troisième à la fin. On trouve ces modulations dans tous les livres de chant.

L'intonation ou modulation du commencement, ne se fait qu'au premier verset de chaque psaume ; tous les autres versets commencent à la dominante qu'on appelle dans les psaumes *teneur*. Dans les cantiques évangéliques *Benedictus*, *Magnificat* et *Nunc dimittis*, elle se fait tout entière à chaque verset, et souvent elle diffère de l'intonation des simples psaumes.

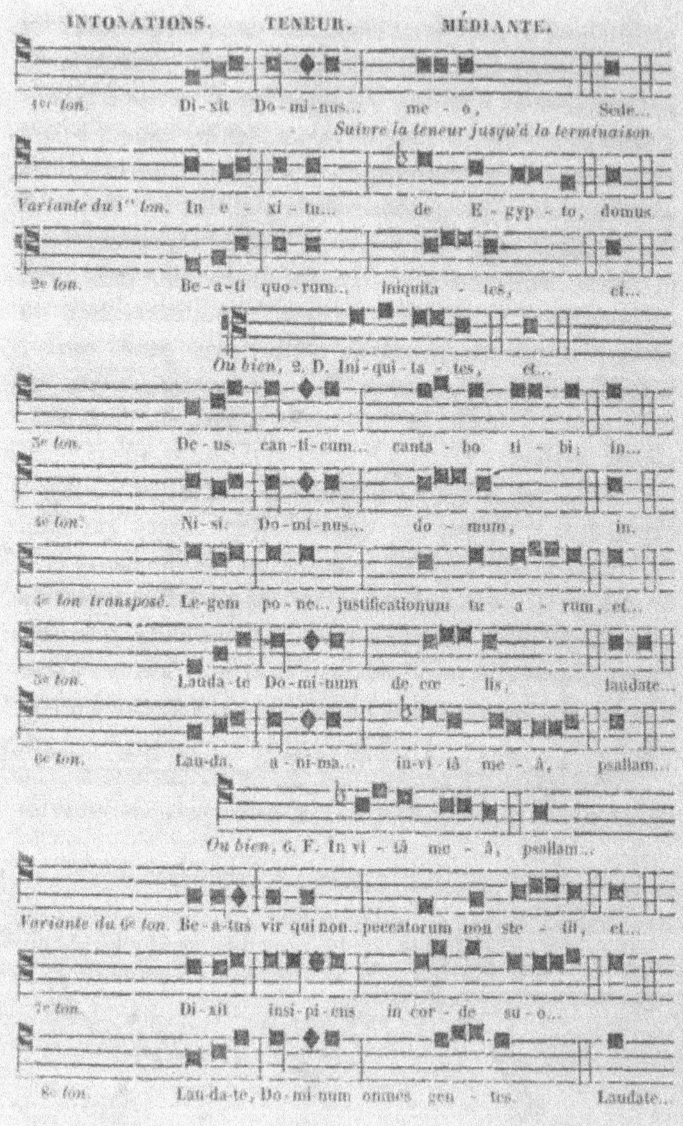

INTONATIONS.   TENEUR.   MÉDIANTE.
1er ton.   Di - xit Do - mi - nus...   me - o,   Sede...
Suivre la teneur jusqu'à la terminaison.
Variante du 1er ton.   In e - xi - tu...   de   E - gyp - to,   domus
2e ton.   Be - a - ti quo - rum...   iniquita - tes,   et...
Ou bien, 2. D.   Ini - qui - ta - tes,   et...
3e ton.   De - us, can - ti - cum...   canta - bo ti - bi; in...
4e ton.   Ni - si Do - mi - nus...   do - mum,   in.
4e ton transposé.   Le - gem po - ne...   justificationum tu - a - rum, et...
5e ton.   Lauda - te Do - mi - num   de cœ - lis,   laudate...
6e ton.   Lau - da,   a - ni - ma...   in - vi tâ me - â,   psallam...
Ou bien, 6. F.   In vi - tâ   me - â,   psallam...
Variante du 6e ton.   Be - a - tus vir qui non... peccatorum non ste - tit, et...
7e ton.   Di - xit   insi - pi - ens   in cor - de   su - o...
8e ton.   Lau - da - te, Do - mi - num omnes gen - tes.   Laudate...

Comme on peut le remarquer, ces intonations sont
de deux sortes ; 1° celles qui portent deux notes sur une
syllabe, savoir : les 1er, 3e, 4e, 6e et 7e ; on les appelle
intonations *liées* ; 2° celles qui ont autant de syllabes que
de notes, comme sont les 2e, 5e et 8e ; on les appelle intonations *non liées*. La deuxième variante du 6e n'a point
d'intonations, puisqu'elle commence sur la teneur.

Dans les intonations non liées, toutes les syllabes
comptent, de sorte qu'il n'en faut que trois, brèves ou
longues. Et il en faut toujours trois. Exemples :

On doit dire : Confite-bor. Cre di-di. De-us, De-us.

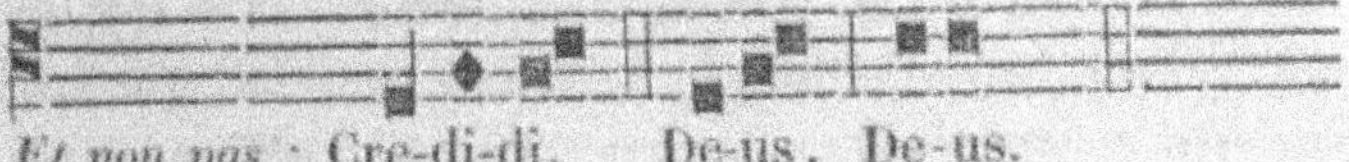

Et non pas : Cre-di-di.   De-us, De-us.

Dans les intonations liées, les syllabes brèves ne
comptent pas ; de sorte que si la seconde syllabe de
l'intonation doit être prononcée brève, les deux notes
liées affecteront la troisième syllabe, de cette manière :

Do-mi-nus. Ju-bi-la - te. Bo-num est. Do-mi-ne.

La médiante ou modulation du milieu se fait toujours ;
mais à tous les versets des psaumes, excepté au premier, on l'abrége, de manière à ce que chaque syllabe
ne porte qu'une note. Il y a exception pour la 2e variante du 6e ton. Les cantiques évangéliques en ont une
autre que les psaumes, aux 2e, 4e, 6e royal, 7e et
8e tons.

Les médiantes sont de deux ou de quatre syllabes.
Dans celles de deux syllabes, si la première de ces deux
syllabes est brève de sa nature, ou doit être prononcée
brève par quelque règle de plain-chant, les deux notes
liées seront anticipées sur la syllabe qui précède, et la
médiante alors en aura trois. Exemple :

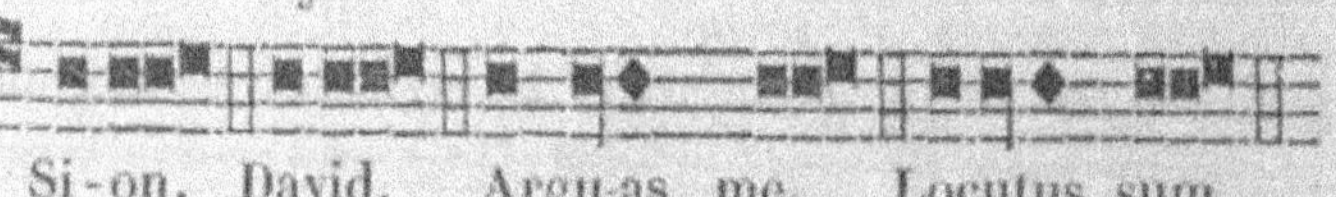

S'il se trouve à la médiante un monosyllabe ou un
mot hébreu indéclinable, la déviation ne se fait que sur
la dernière syllabe :

Et dans tous les versets autres que le premier, ne
donnant qu'une note à chaque syllabe, même aux monosyllabes et aux mots hébreux, on dira :

Les médiantes de quatre syllabes présentent plus de
difficulté. Dans ces dernières comme dans celles de deux

syllabes, les syllabes brèves ne sont comptées pour
rien ; de sorte que, si dans les premières il faut prendre
trois syllabes au lieu de deux, quand il se rencontre
une brève, dans celles-ci il faut en prendre cinq, ou
six, au lieu de quatre, selon qu'il se trouve une ou
deux brèves. Exemples :

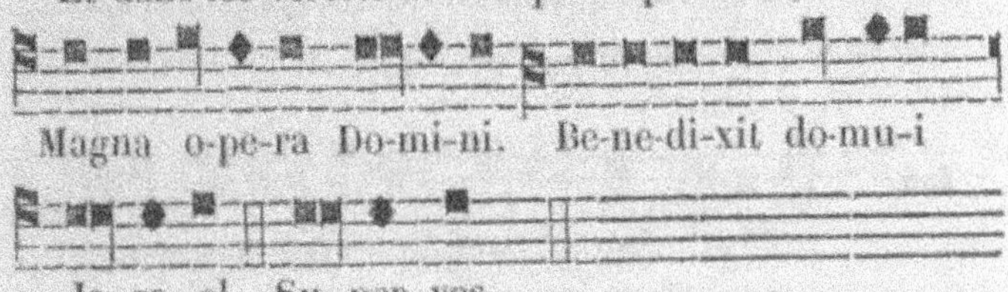

Et dans les versets autres que le premier, on dira :

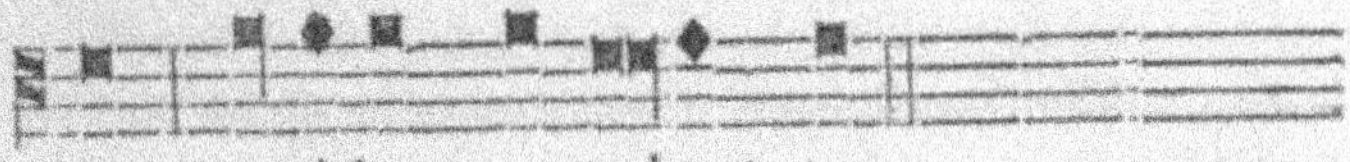

Is - ra - el. Su - per vos.

On regardera donc comme un principe que dans les
médiantes de quatre syllabes, la première ni la troisième
ne peuvent point être brèves. La première et la troisième syllabes ne peuvent point non plus être la dernière d'un mot. De ces deux principes on conclut que
non-seulement une médiante peut avoir six syllabes,
mais qu'il faut quelquefois lui en donner sept, comme
dans ces mots :

Cette règle s'applique au 1er ton *variante*, au 3e, au 6e f et F et au 7e. J'en excepte le 2e D, malgré ce que j'en ai dit dans la première édition. N'appliquez cette règle que dans les cas où la première note de la médiante est la plus haute de cette même médiante, ce qui n'a pas lieu dans le 2e D, où la première note est *sol*, qui est suivi de *la*. Ainsi dans les deux exemples qui suivent, choisissez le second, comme plus simple et plus conforme, je pense, à l'ancienne notation :

M. Poisson pense que, dans ces cas, on doit, au moyen de notes losanges, accélérer le chant de manière à ce que les cinq, six ou sept syllabes qui sont requises par extraordinaire pour la médiante, ne durent pas plus de temps que les quatre qui sont de rigueur. Je ne suis pas de son avis, et je dis, au contraire, que :

Dans la Psalmodie, on ne doit jamais faire deux syllabes consécutives brèves. C'est là-dessus qu'est fondée la règle qui va suivre.

Lorsqu'un mot de deux, trois, quatre syllabes, ou plus, est suivi d'un monosyllabe qui lui est lié par le sens de la phrase, la dernière syllabe de ce mot précédent est toujours brève, quand même elle serait longue de sa nature, et l'avant-dernière syllabe de ce mot doit toujours être longue, lors même qu'elle serait naturellement brève. Ainsi, dans ces mots : *Domini est salus*, *Domini est terra*, qui sont je crois les seuls exemples qu'on puisse rencontrer dans le Psautier, la syllabe *ni*, longue de sa nature, deviendra brève, et *mi* qui est bref, deviendra long. On dira donc :

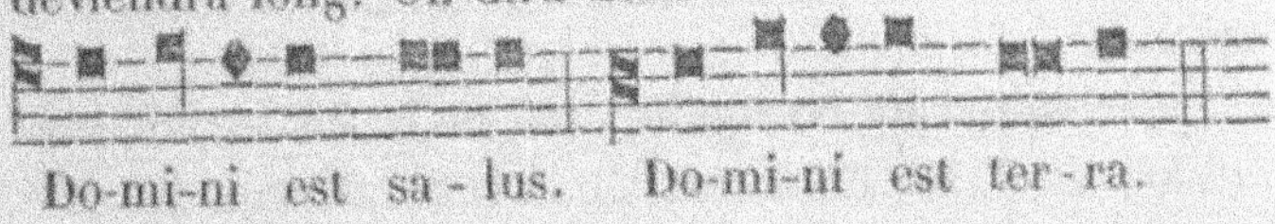

Do-mi-ni est sa - lus.　　Do-mi-ni est ter - ra.

S'il se trouve que la première note de la médiante tombe sur un monosyllabe, il faut examiner si ce monosyllabe est lié, par le sens de la phrase, au mot précédent. Tels sont ordinairement les monosyllabes *me*, *te*, *se*, *nos*, *vos*, *que*, *sunt*, *est*. On peut dire généralement la même chose de ceux-ci : *fac*, *rex*, *sit*, *vox*, *mons*, *pax*, *ros*, *nunc*, *cor*, *laus*, *vir*, *sol*, *tu*, *mel*, *in* et *ad* après *usque*, *hæc*, *pes*, *mors*, et quelquefois *quod*. Dans ce cas, on devra commencer la médiante sur une syllabe précédente qui ne soit ni la dernière d'un mot, ni une brève. Sauf la restriction faite plus haut pour le 2ᵉ D. Si au contraire ce monosyllabe se rapporte au mot suivant, comme *à*, *ab*, *abs*, *ad*, *ex*, *è*, *et*, *in*, *qui*, *quæ*, *quod*, *tu*, *non*, etc., rien n'empêche de commencer la médiante sur lui. Exemples :

Premier cas.

Confir-matum est cor e-jus.

Deuxième cas.

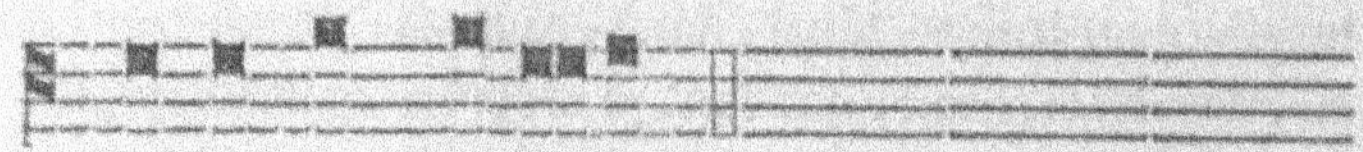

Fre-met et ta-bes-cet.

Venons-en maintenant à ce qui regarde les terminaisons.

La terminaison ou modulation de la fin se fait tout entière et de la même manière à la fin de tous les versets des psaumes et cantiques. Elle est complète, incomplète ou plus que complète. Complète, si elle finit par la même note que l'antienne; incomplète, si elle ne descend pas jusque là; plus que complète, si elle passe outre.

A la fin de chaque antienne, la terminaison est indiquée, soit en toutes notes avec les lettres, e, u, o, u, a, e, qui sont les voyelles de *Seculorum*, *Amen*, soit en abrégé, de cette manière: 1, d. ou 5, a. etc., ce qui indique que le psaume doit être chanté en premier ton petit d, ou en cinquième petit a. Ces lettres d, a, font connaître par quelle note finira la terminaison; car chacune des sept lettres qu'on emploie répond à l'une des sept notes, dans cet ordre:

a, b, c, d, e, f, g.
la, si, ut, re, mi, fa, sol.

C'est-à-dire que, si un psaume est indiqué par g, la terminaison finira en *sol*, et ainsi des autres. Quelquefois un ton a deux terminaisons qui finissent à la même note, comme le premier et le troisième, etc. La même lettre devant alors servir pour les deux, on s'est servi d'une lettre majeure pour l'une, et d'une lettre mineure pour l'autre : A, ou a.

Voici sous un seul coup d'œil toutes les terminaisons des huit tons et le nombre de syllabes que chacune d'elles demande ; la note qui figure immédiatement avant indique la teneur du psaume.

Premier ton.

d. 4 *syllabes.*   D.   4 *syllabes.*

f.   4.   F.   4.

a.   4.   *Variante.*   3 *syllabes.*

Deuxième ton.

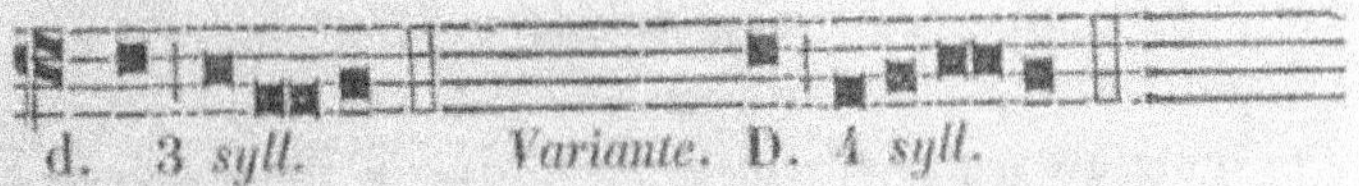

d. 3 *syll.*   *Variante.* D. 4 *syll.*

Troisième ton.

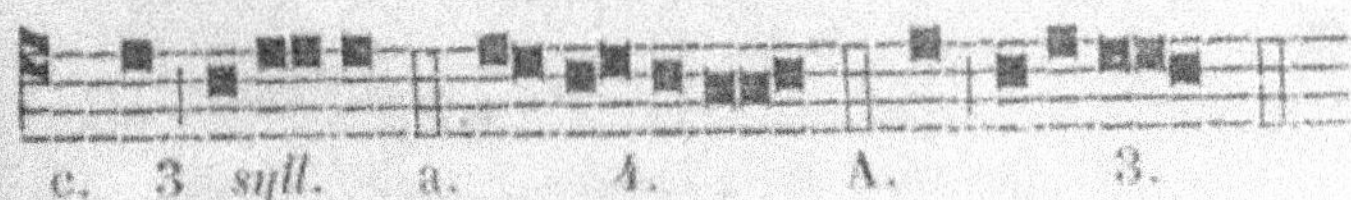

c. 3 *syll.* a.   4.   A.   3.

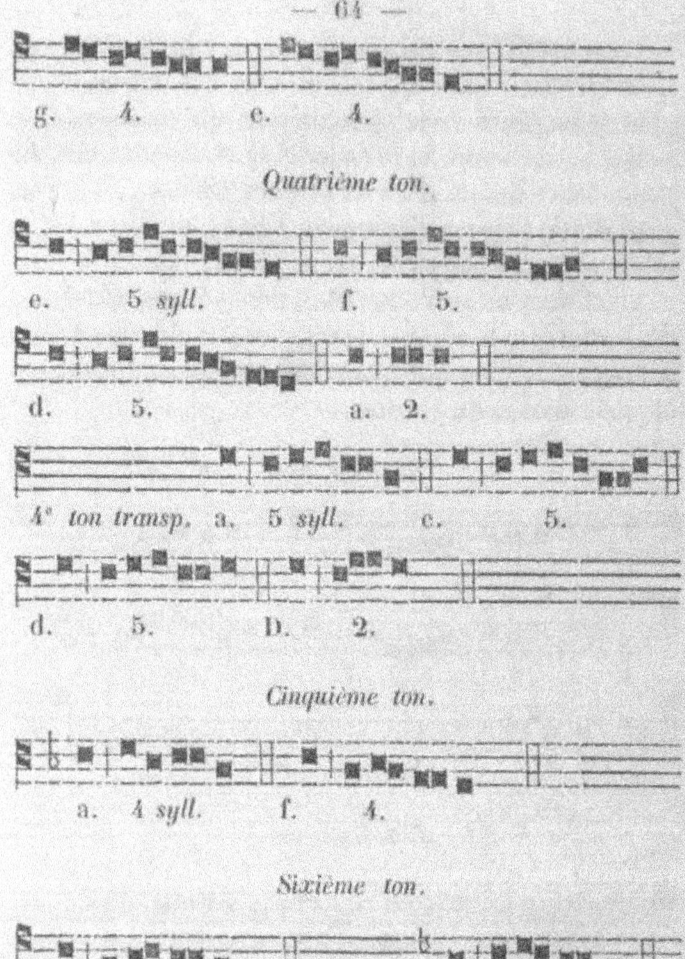

g.   4.   e.   4.

Quatrième ton.

e.   5 syll.   f.   5.

d.   5.   a.   2.

4e ton transp. a.   5 syll.   c.   5.

d.   5.   D.   2.

Cinquième ton.

a.   4 syll.   f.   4.

Sixième ton.

f.   4 syll.   1re variante ou 6e royal, 4.

2e variante, dit irrégulier, 5 syll.

Septième ton.

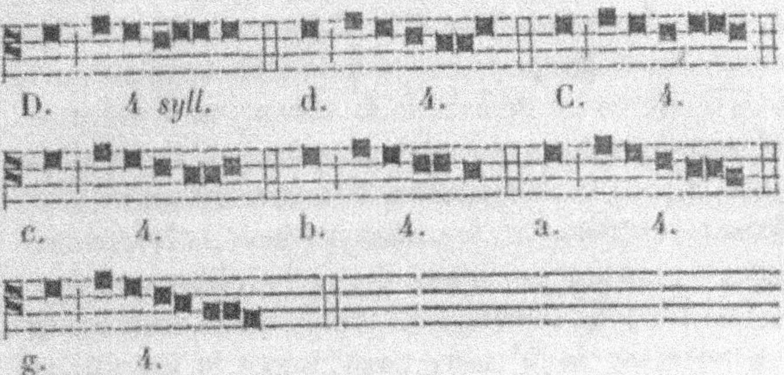

On voit dans ce tableau que les terminaisons ont deux, trois, quatre ou cinq syllabes. Comme l'avant-dernière note d'une terminaison ne saurait porter sur une syllabe brève, il faut dans ce cas en ajouter une, et dire :

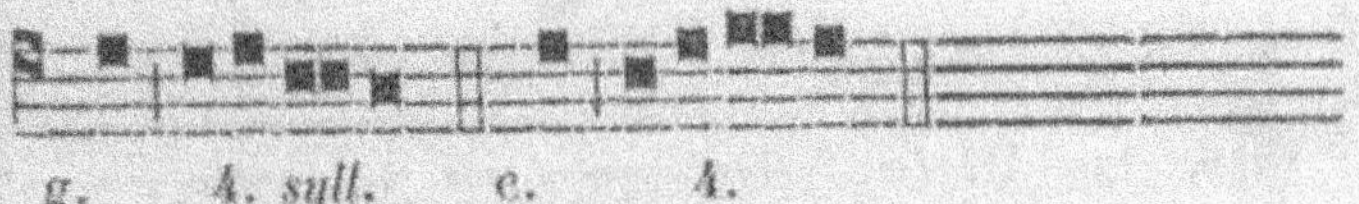

Peu importe qu'il se trouve d'autres syllabes brèves dans le corps de la terminaison ; il n'y a que cette avant-dernière seule qui oblige d'anticiper.

En expliquant les principes qui doivent être observés dans le chant de la médiante, j'ai dit qu'il ne fallait point élever la voix sur une syllabe brève ni sur la dernière d'un mot, ni sur un monosyllabe lié nécessairement au mot précédent. Cette règle regarde aussi la terminaison ; elle n'a lieu cependant que pour le 5ᵉ ton a, et toutes les terminaisons du 7ᵉ, parce qu'il n'y a que dans ceux-là que la première note de la terminaison se trouve élevée au-dessus de la teneur ou dominante. L'exception admise pour la médiante du 2ᵉ D s'applique aussi et pour la même raison à la terminaison du 6ᵉ F. Dans les autres tons, le commencement de la terminaison est plus bas que la teneur, et il est libre de baisser la voix sur telle note ou telle syllabe qu'on veut. Exceptez pourtant le 3ᵉ ton, dans lequel la terminaison ne doit pas commencer sur une brève. Ainsi au lieu de dire :

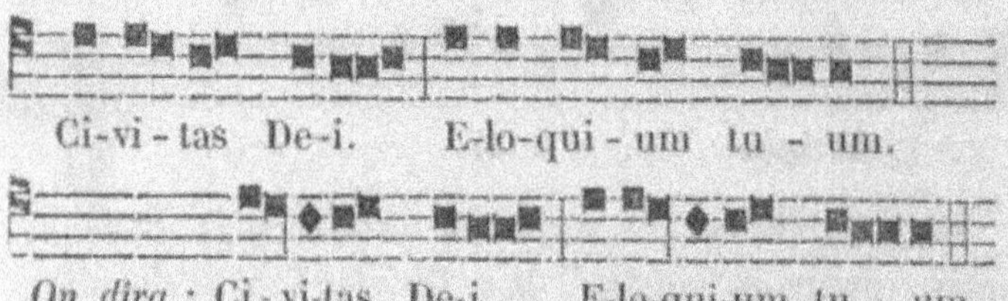

S'il y avait en cet endroit deux syllabes brèves consécutives, on ferait la première longue, pour ne privilégier que la dernière.

Les psaumes ont quelques versets *défectueux*, lesquels n'ont point assez de syllabes pour faire entièrement ou la médiante ou la terminaison. Tels sont ceux-ci, tant pour le premier que pour le second hémistiche : *Tu mandasti, Thesaurizat, Qui facit hæc, Laus Israel, Fiat fiat, In æternum*, et autres. Il est de règle dans ces rencontres d'abréger la médiante ou la terminaison par le commencement, jamais par la fin. Les exercices de psalmodie qui se trouvent à la fin de cette leçon, rendront toutes ces règles sensibles.

Pour ce qui est de la mesure à observer dans cette partie du chant, il n'est pas facile de prescrire de règles. La mesure de la psalmodie est celle à quatre temps, parce que celle en deux temps serait trop lourde. Le chœur doit avoir l'attention de frapper ensemble la même syllabe, pour ne faire qu'une voix. Il n'y a rien de beau ni d'harmonieux, lorsqu'on entend plusieurs syllabes à la fois, lorsqu'un chantre termine plus tôt que son voisin. Chanter rondement, clairement, sans langueur, commencer ensemble, pauser ensemble, terminer ensemble, voilà ce que prescrivait Saint-Bernard pour le chant des psaumes (1), et ce qui rend la psalmodie si belle.

A l'astérisque, et à la fin de chaque verset, la pause est d'un temps. Ces deux pauses suffisent dans un grand nombre de versets, pour peu qu'on ait d'haleine. S'il est besoin ailleurs encore de reprendre vent, ce doit être, autant que possible, aux virgules ou autres ponctuations ; si l'on a besoin plus souvent, surtout il faut prendre garde de couper par un repos mal placé le sens d'une phrase, la liaison qu'ont les mots entr'eux ; comme font ceux qui disent : *Domine ad adjuvandum... me festina. Gloria Patri et... Filio. Memor fui tui super... stratum meum.* Il faudrait dire : *Domine... ad adju-*

---

(1) *Psalmodiam non multùm protrahamus ; sed rotundè et vivâ voce cantemus ; initium et finem versûs simul incipientes, simulque dimittentes, et bonam in medio pausam tenentes... simul cantemus, simul pausemus.* (*Serm. 47 in Cantica.*)

vandum me… festina. Gloria Patri… et Filio. Memor fui tui… super stratum meum. Ceux qui ont étudié le latin comprendront facilement cette observation.

Il y a en outre, dans le latin, des syllabes brèves et des syllabes longues qu'on ne connaît parfaitement qu'après avoir appris les règles de la poésie latine. C'est pourquoi ceux qui ont étudié ces règles devront toujours psalmodier plus régulièrement que les autres. Cependant, à l'aide des principes qui vont suivre, toute personne pourra au moins ne point faire d'énormes fautes de quantité.

1° Servez-vous, pour la psalmodie, de l'office noté de 1825. Dans cette édition, M. l'abbé Malleux, d'honorable mémoire, a eu l'attention infiniment précieuse de marquer d'un accent aigu dans les mots de trois syllabes ou plus, celle qui doit être prononcée longue. On verra que c'est toujours l'avant dernière : INIMI'COS, JURA'VIT, PŒNITE'BIT, CONFITE'BOR, CONGREGATIO'NE, HEREDITA'TEM.

2° Lorsque l'accent est placé sur l'antépénultième, concluez que l'avant-dernière est brève de sa nature ; exemples : GLO'RIA, DO'MINUS, JUDI'CIO, COMMOVE'BITUR, PAUPE'RIBUS, LAUDA'BILE, etc.

3° La dernière syllabe d'un mot quelconque est longue, à moins qu'il ne soit suivi d'un monosyllabe lié à ce mot précédent, comme ceux que nous avons cités plus haut : *me*, *te*, *se*, etc., et les autres *fac*, *rex*, *sit*, *vox*, etc., dans ces phrases : *Beneplacita fac, lætabitur rex, semper sit, ecce vox, sicut mons Sion, erit iste pax, dicat nunc, sicut ros Hermon, gaudebit cor, semper laus ejus, recedat laus*, *ecce vir*, *illos sol*, *aperis tu*, *super mel*, *usque ad finem*, *propter quod*, *manus tua hæc*, *conculcabit eam pes*, *ibit mors*. Nous ne sommes pas d'accord avec les règles de la poésie latine ; mais le plain-chant a ses règles particulières. Ce que nous disons ici de la valeur syllabique ne s'applique pas exclusivement à la psalmodie ; c'est ce qui s'observe dans toutes les autres parties du plain-chant non mesuré. On peut s'en convaincre en ouvrant un graduel ou un antiphonier. On y trouvera encore bien des fautes, (plus de 175 seulement dans le graduel de 1727.) Mais les fautes ne sont pas dans la majorité des cas, et elles seraient faciles à corriger, si on en venait à une nouvelle impression des livres de lutrin. On en a déjà fait disparaître environ soixante-dix dans l'office noté de 1825. Espérons que tout disparaîtra avec le temps. Alors on ne fera plus une queue de notes sur la dernière syllabe d'un mot à la médiante du 7e ton (ps. de l'introït du 2e dim. d'Avent), faute des plus grossières. Alors nous n'aurons pas non plus la douleur de commencer notre messe paroissiale par une faute saillante ; on dira plus régulièrement :

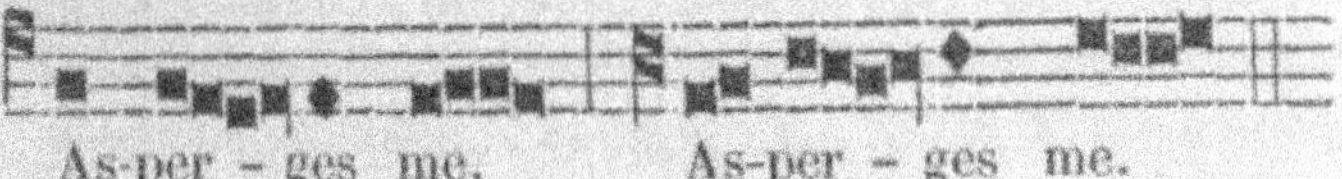

Le Rituel n'a pas fait cette faute. (Bénéd. d'une 1re pierre d'église.)

4e Les mots d'une ou deux syllabes ne sont pas accentués. Mais il n'y a pour ceux-là aucun embarras. Un monosyllabe est long.

5° S'il se trouve deux monosyllabes de suite, il faut les regarder comme un mot de deux syllabes. Exemples : *et non*, *tu es*, *in spe*, *ad me*. Ainsi on chantera toute la médiante du 7° ton avec quatre syllabes seulement, quand on rencontrera ces mots : *et facta est nox, magnus es tu, salvum me fac, salvum me fac Deus, super me os suum, et tua est nox, oblivisceris me in finem*.

6° Si trois ou quatre monosyllabes sont placés à la suite, le sens des mots, quelquefois la ponctuation, l'usage même, indiqueront auxquels il faudra appliquer la cinquième règle. *Ex hoc nunc et. Quod in te est.* Dans ces deux exemples, *ex hoc*, *in te*, sont censés deux mots de deux syllabes.

7° Dans les mots de deux syllabes, la première est toujours longue.

8° Une voyelle suivie de deux consonnes est toujours longue.

9° Une voyelle suivie, dans le même mot, d'une autre voyelle, est *ordinairement* brève; excepté dans *solius* et quelques autres en petit nombre qu'on apprendra par l'examen de l'accentuation. Cependant nous serons forcés de chanter avec quatre syllabes seulement les médiantes des 2° D; 3°, 6° royal, et 7° tons, si nous rencontrons ces mots : *Fabulationes, in filios filiorum, iram et tribulationem, oblationem noluisti, inimici tui sonuerunt;* et avec cinq syllabes, dans ces passages *meditabitur sapientiam, locutus fuisset*.

10° Après ces notions, il ne reste plus de difficulté que pour le commencement des mots de quatre syllabes ou plus ; et dans le doute, faites plutôt une longue qu'une brève.

Il reste encore quelques avis à donner sur le chant des psaumes ; mais ces avis ne sont nécessaires qu'à ceux qui se font une psalmodie à leur gré. Les uns, et ce n'est pas le moindre nombre, transposent à volonté la double note de la médiante et de la terminaison, en l'avançant ou la reculant. Ils diront par exemple :

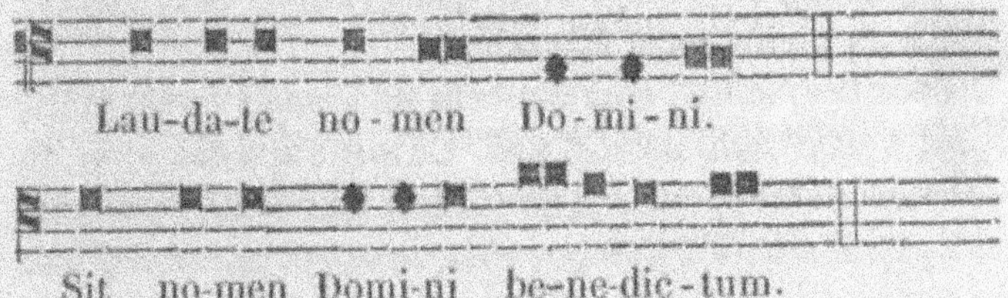

Coûterait-il davantage de chanter comme il est marqué :

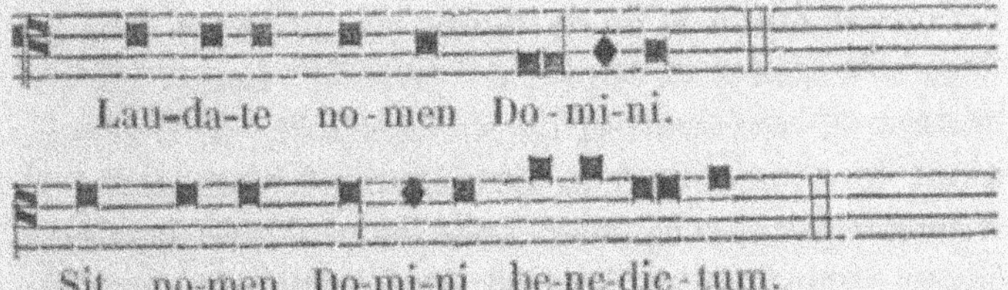

On remarquera que dans les exercices qui vont suivre, la dernière note de la médiante et de la terminaison est une losange. J'ai noté ainsi, afin de mieux faire comprendre que là il ne faut point traîner, puisqu'il y a une pause à faire.

Les autres, à force de cadences et de *fions* défigurent

un psaume, jusqu'à le rendre méconnaissable. En voici un échantillon :

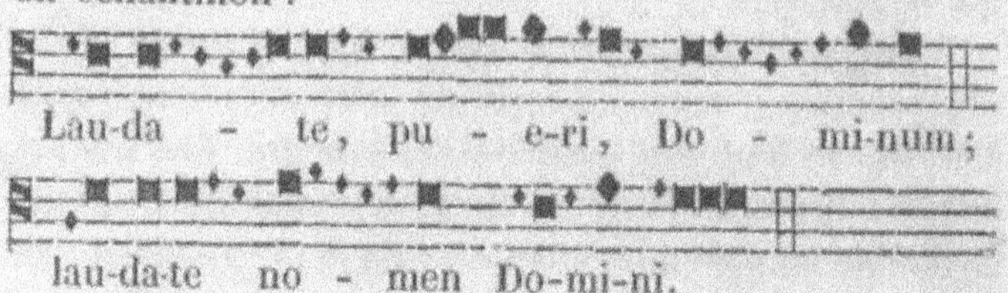

En vérité, c'est trop. Trois quarts moins de cadences, serait au moins trois fois mieux.

D'autres, enfin, commencent un second verset avant que le précédent ne soit fini. Ce qui s'appelle *point de couvreur*. Il faut pourtant que toutes les notes du premier soient prononcées, puisque chaque verset est suivi d'une pause.

Les neumes sont des modulations qui terminent les antiennes. Ils commencent tous par la note finale qu'ils répètent, excepté ceux des deux premiers tons. Les neumes se font à la fin de toutes les antiennes dans les fêtes solennelles et triples de première classe. Les antiennes de *Benedictus* et de *Magnificat* qui se triplent, n'ont le neume qu'à la dernière répétition. Celle de *Nunc dimittis* n'en a jamais. Dans les triples de deuxième classe et au-dessous, on ne les fait qu'à la dernière antienne de chaque heure de l'office. On omet les neumes entièrement depuis le jeudi saint inclusivement jusqu'aux premières vêpres de la Quasimodo exclusivement, pendant l'octave de la Pentecôte, dans l'office des morts et le petit office de la sainte Vierge. Le *Te Deum* a un neume à Laudes. On l'omet au Salut, aussi bien que l'Alleluia des proses.

EXERCICES

De Psalmodie pour les huit tons.

Nota. Celui qui enseignera la psalmodie devra faire
rendre compte à ses élèves de tous les principes appli-
qués dans les exemples qui suivent.

Premier ton.

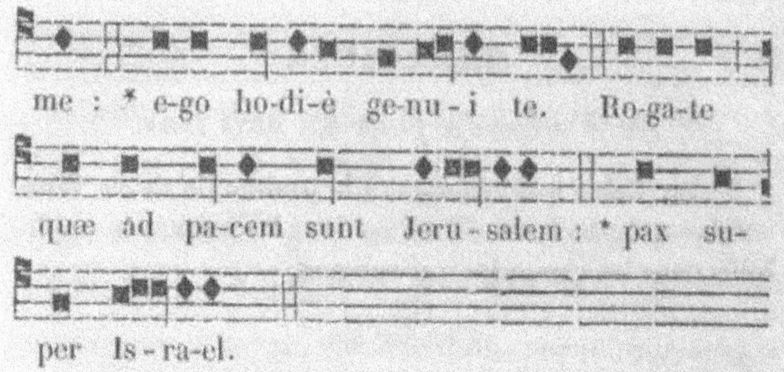

Variante du premier ton.

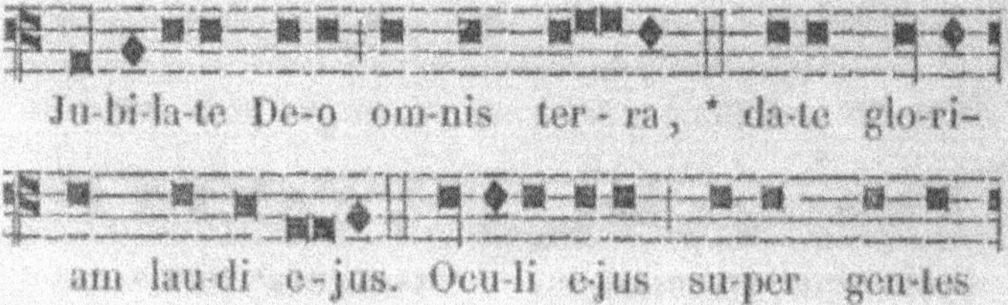

Deuxième ton.

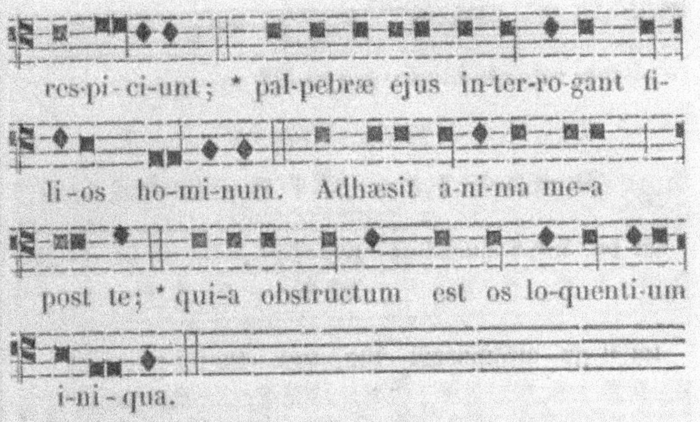

res-pi-ci-unt; * pal-pebræ ejus in-ter-ro-gant fi-

li-os ho-mi-num. Adhæsit a-ni-ma me-a

post te; * qui-a obstructum est os lo-quenti-um

i-ni-qua.

Variante du deuxième ton, ou deux D.

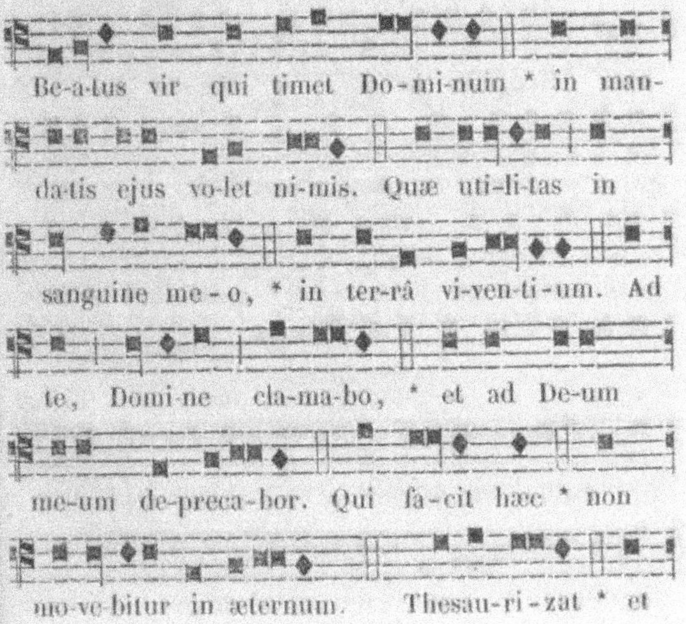

Be-a-tus vir qui timet Do-mi-num * in man-

da-tis ejus vo-let ni-mis. Quæ uti-li-tas in

sanguine me-o, * in ter-râ vi-ven-ti-um. Ad

te, Domi-ne cla-ma-bo, * et ad De-um

me-um de-preca-bor. Qui fa-cit hæc * non

mo-ve-bitur in æternum. Thesau-ri-zat * et

i-gno-rat cu-i con-gre-ga-bit e - a.

Troisième ton.

Ver-ba me-a auri-bus per-ci-pe, Do-mi-ne * in-

tel-li-ge cla-morem me - um. Do-mi-ne, ut

scu-to bonæ vo-lun-tatis tu - æ, * co-ro-nas-ti

nos.   Res-pi-ce in me, et miserere me - i, *

qui-a u-ni-cus, et pau-per sum e-go.   O-culi

me-i semper ad Do-mi-num * quoni-am ip-se

e-vel-let de la-que-o pe-des me - os. Li-be-

ra, De-us, Is-ra-el * ex om-ni-bus tri-bu-la-ti-

o-ni-bus e - jus.

Quatrième ton.

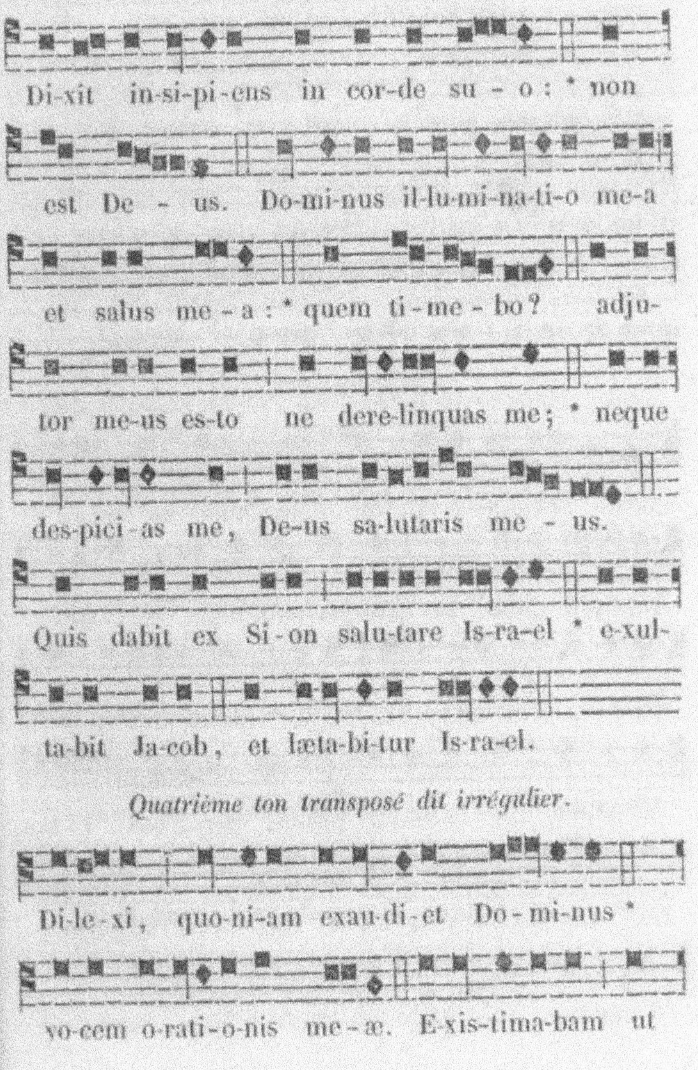

Quatrième ton transposé dit irrégulier.

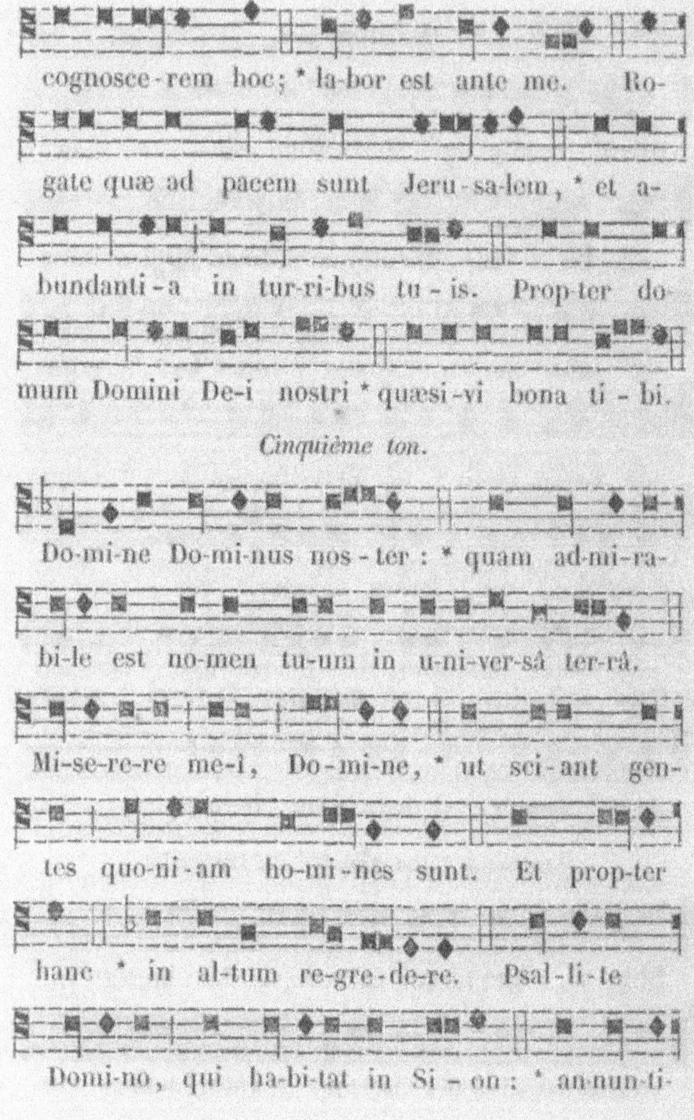

Cinquième ton.

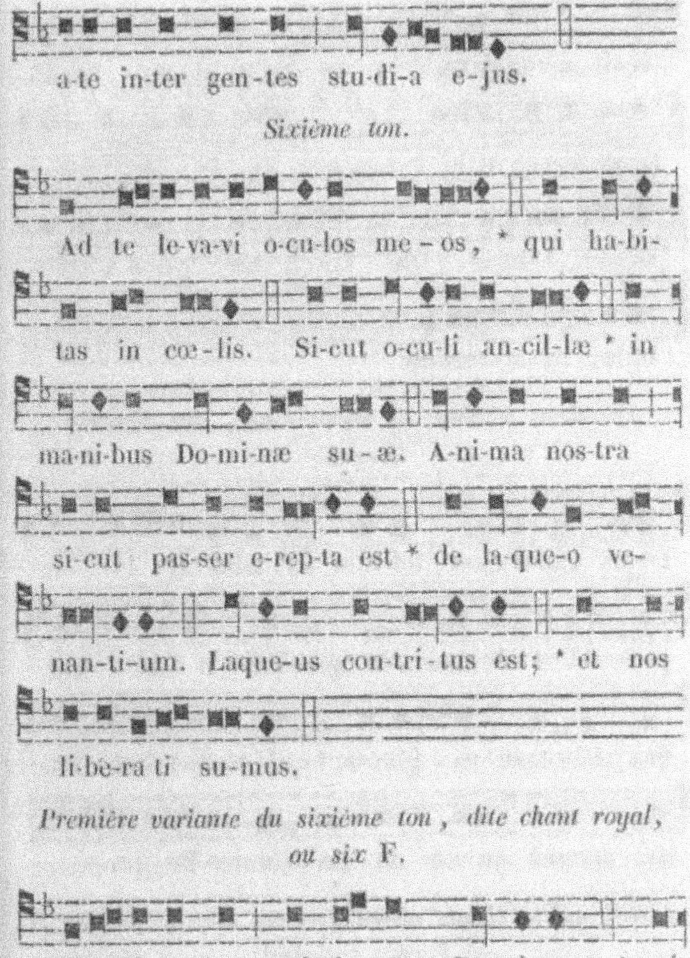

a-te in-ter gen-tes stu-di-a e-jus.

Sixième ton.

Ad te le-va-vi o-cu-los me — os, * qui ha-bi-

tas in cœ-lis. Si-cut o-cu-li an-cil-læ * in

ma-ni-bus Do-mi-næ su – æ. A-ni-ma nos-tra

si-cut pas-ser e-rep-ta est * de la-que-o ve-

nan-ti-um. Laque-us con-tri-tus est; * et nos

li-be-ra ti su-mus.

Première variante du sixième ton, dite chant royal,
ou six F.

Be-a – ti omnes qui ti - ment Do-mi-num, * qui

ambulant in vi – is e – jus. Uxor tu-a si-cut

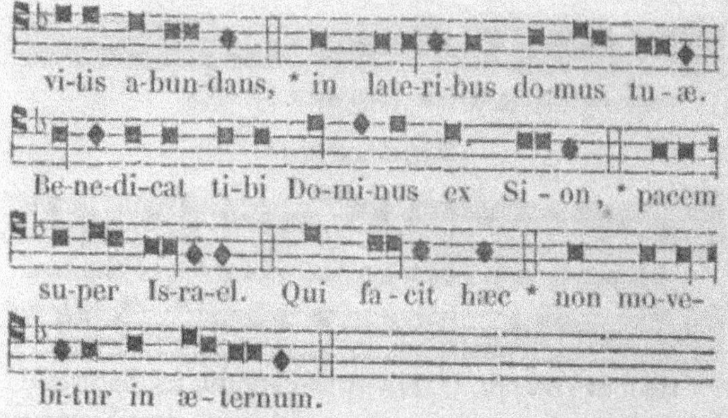

*Deuxième variante du sixième ton, dite sixième
irrégulier.*

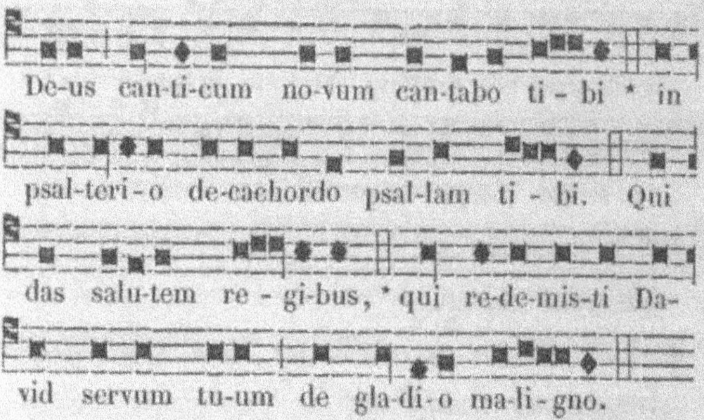

*Autre, qui se chante alternativement avec le premier,
à Pâques seulement.*

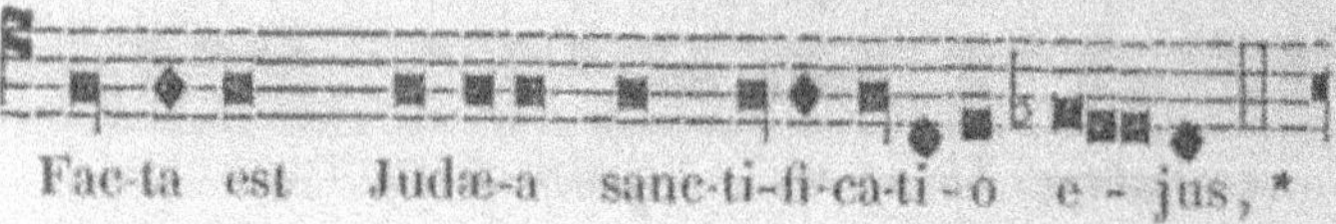

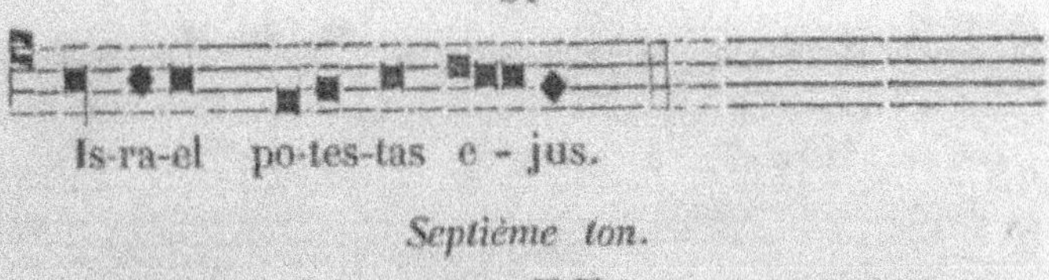

Is-ra-el po-tes-tas e - jus.

Septième ton.

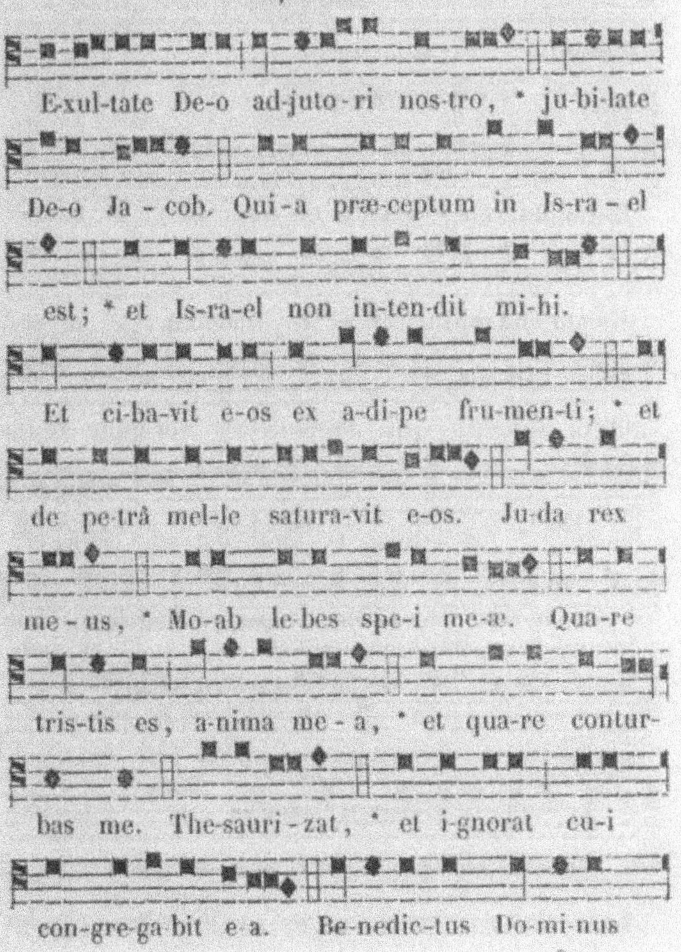

Exul-tate De-o ad-juto-ri nos-tro, * ju-bi-late

De-o Ja - cob. Qui-a præ-ceptum in Is-ra - el

est; * et Is-ra-el non in-ten-dit mi-hi.

Et ci-ba-vit e-os ex a-di-pe fru-men-ti; * et

de pe-trâ mel-le satura-vit e-os. Ju-da rex

me - us, * Mo-ab le-bes spe-i me-æ. Qua-re

tris-tis es, a-nima me - a, * et qua-re contur-

bas me. The-sauri - zat, * et i-gnorat cu-i

con-gre-ga-bit e-a. Be-nedic-tus Do-mi-nus

Huitième ton.

Lorsqu'un psaume commence par les mêmes paroles

que son antienne, on poursuit le psaume à la teneur sans intonation, et sans répéter ces paroles. Exemples :

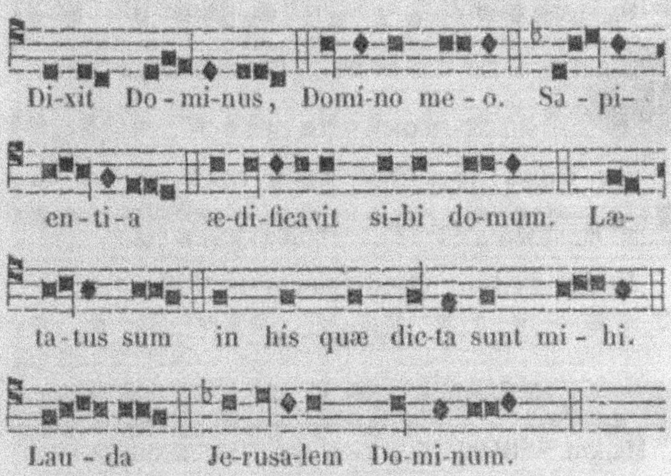

INTONATION

Des Cantiques Évangéliques, avec leur médiante.

Tous les versets se chantent comme le premier. La terminaison se fait comme dans les psaumes.

Premier ton.

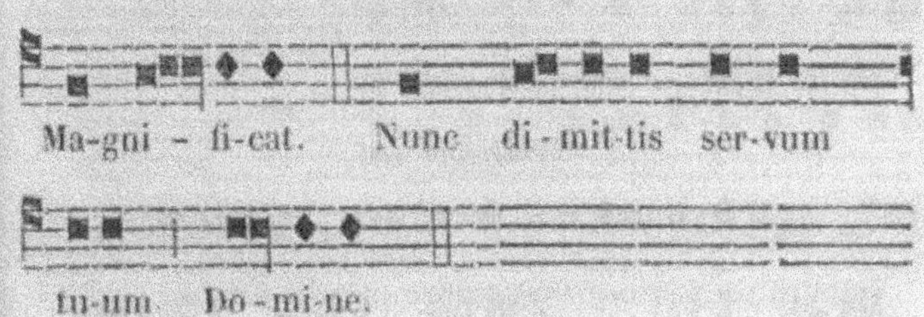

Variante.

Deuxième ton.

Variante.

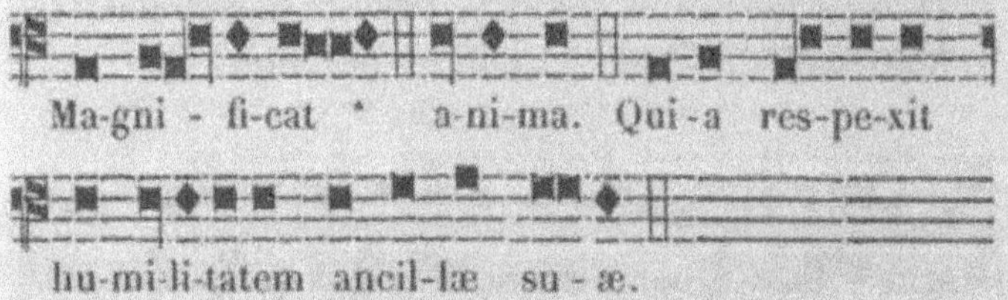

Troisième ton.

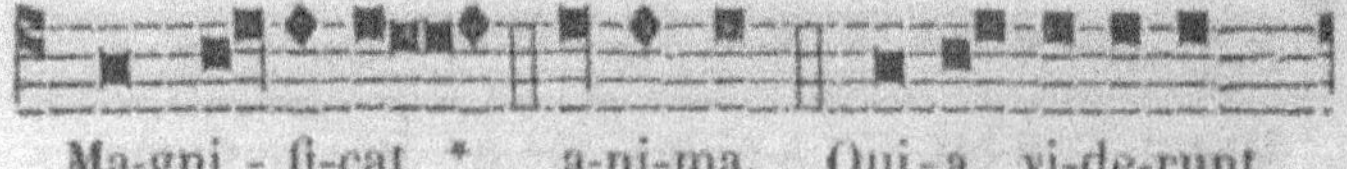

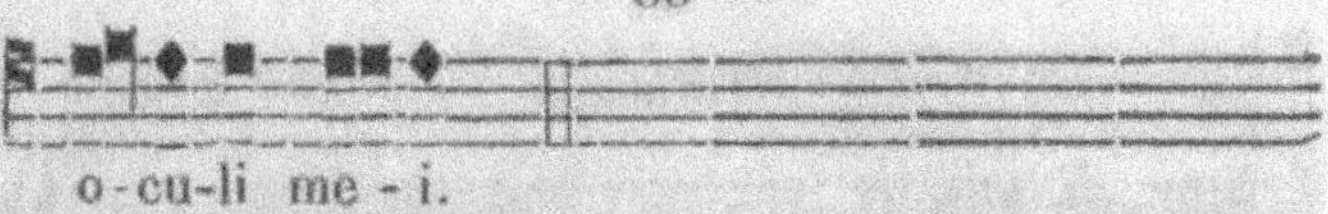

Quatrième ton.

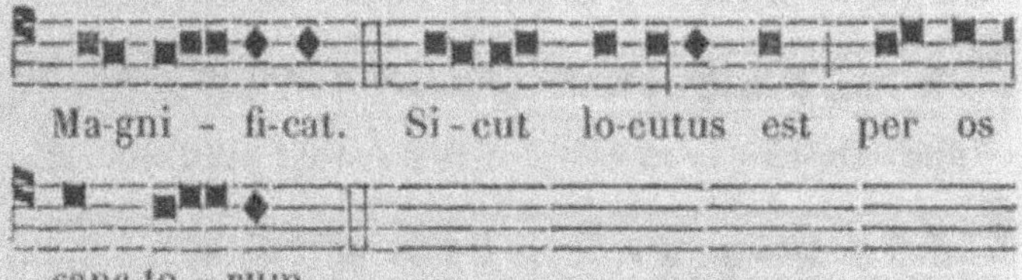

Quatrième ton transposé.

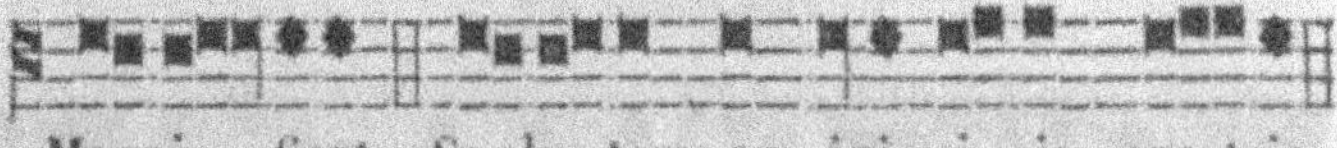

Cinquième ton.

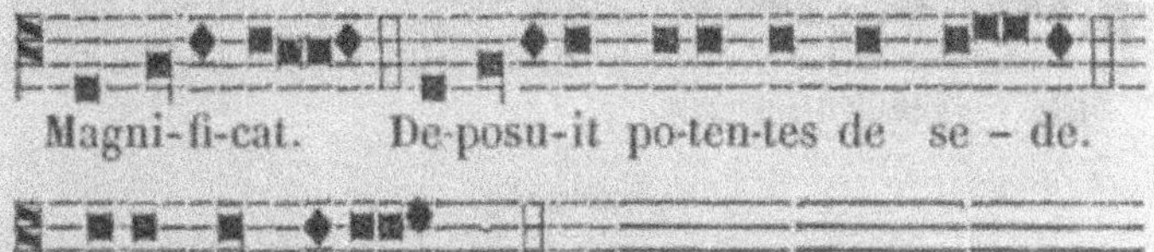

Sixième ton.

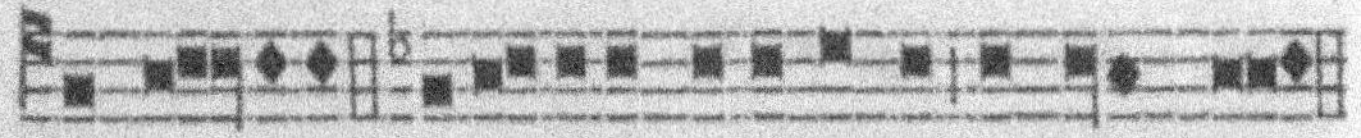

Royal.

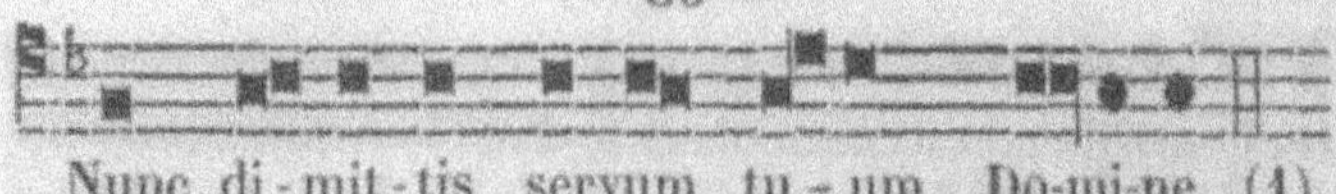

Deuxième variante.

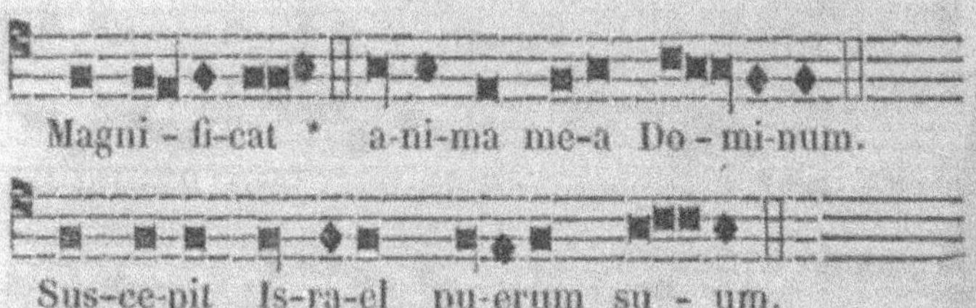

Septième ton.

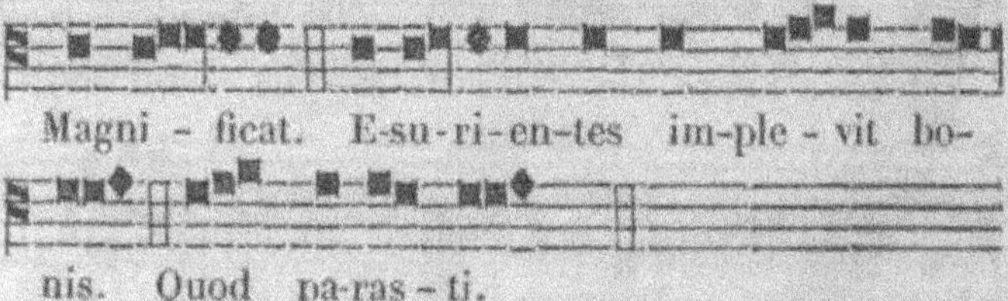

Huitième ton.

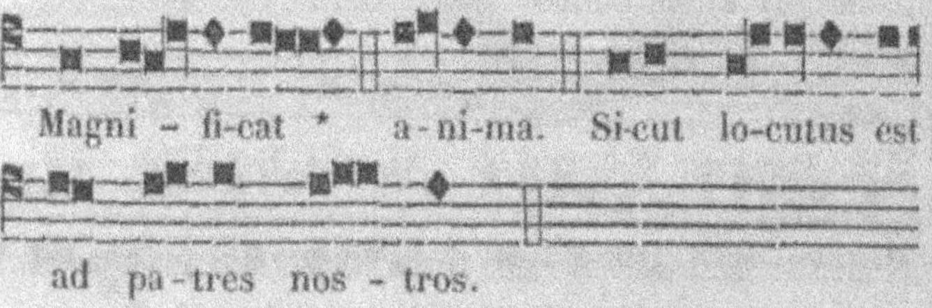

(1) Cette modulation la sol , sol ut , à la médiante, ne doit se faire que quand on a pour ces deux liaisons la dernière syllabe d'un mot et la première du mot suivant. Dans les autres cas, chantez comme le premier verset d'un psaume.

La terminaison des psaumes et cantiques dépend du genre de modulation observé dans le commencement des antiennes. On verra ce rapport dans le tableau suivant. Les trois premières antiennes demandent la terminaison F, etc.

3° ton. c. Hoc sen-ti - te. De tro - no. a. Cum as-
cendis - set. Sub-le-va - vit rex. A. E-vange - li-
um. Se-cundum. g. Hic ve - nit. Om - nis.
c. Res-pe - xit. Hic est. 4° ton. e. Om-nes.
Fu - it. Ingres - sus. f. Qui mor-tus est.
d. Sa-cer-dos ma-gnus. Tan - quam. a. Inge-
misco e - go. Custo - di me. 4° transp. a. In omni
gen - te. c. Apud Do - mi-num. E-leva - ta est.
d. A - li - i. Il-le e-rat. D. Suble-va - tis.
5° ton. a. Om-nes. Ver - bum. Qui pa-cem.

Al-le-lu - ia. f. In - voca. Be - a - ti sunt.
6e *ton*. f. Exi - it. Occu - pa - bit. Fi - li-i.
Rex de - dit. F. Qui non est me-cum.
Variante. Læ - ta - tus sum. Do - mi-ne. Ju - bi - la-
te mon-tes. 7e *ton*. D. Al-le-lu - ia. Qui ha-
bi-tas. d. Pe - trus. Pasto - res. C. Omnes An-
ge-li. Alle-lu - ia. c. Ma-gni - fi-ca - ta est.
b. In-ji - ci - ent. Gaude - bunt. a. Do-mum
tu - am. Re-demp-ti-o-nem. g. Hu-mi - li-a - vit.
Omnes sunt. 8e *ton*. g. Re - de-mis - ti nos. A-pe-

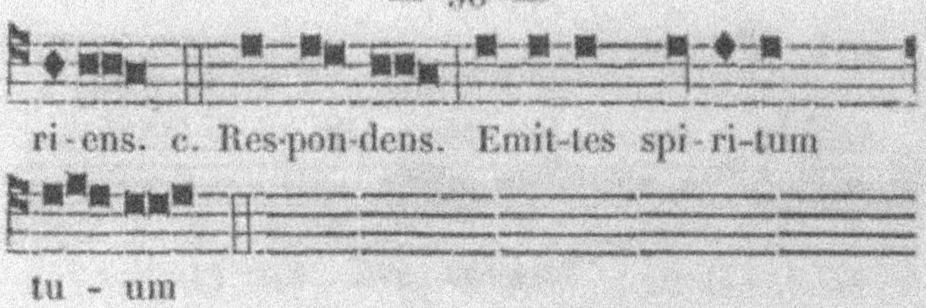

Dans d'autres diocèses, les intonations se terminent par périélèze ou circonvolution, en tournant autour de la dernière note, ou bien par diaptôse ou intercidence, en descendant au-dessous de la dernière note d'un degré seulement pour remonter ensuite. Exemples.

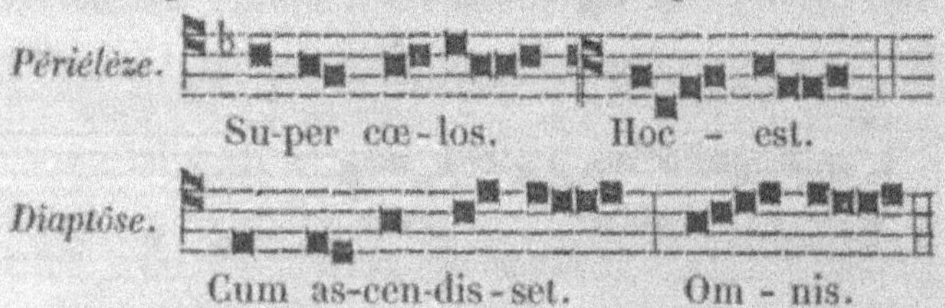

Ces crochets ne sont point usités dans notre diocèse. Nous ne faisons que ceux qui sont restés dans notre office, et qui sont toujours écrits, de sorte que nous ne devons pas les supposer.

NEUMES DES HUIT TONS.

Premier ton.

Deuxième ton.

Troisième ton.

Quatrième ton.

Quatrième ton transposé.

Cinquième ton.

Sixième ton.

Septième ton.

Huitième ton.

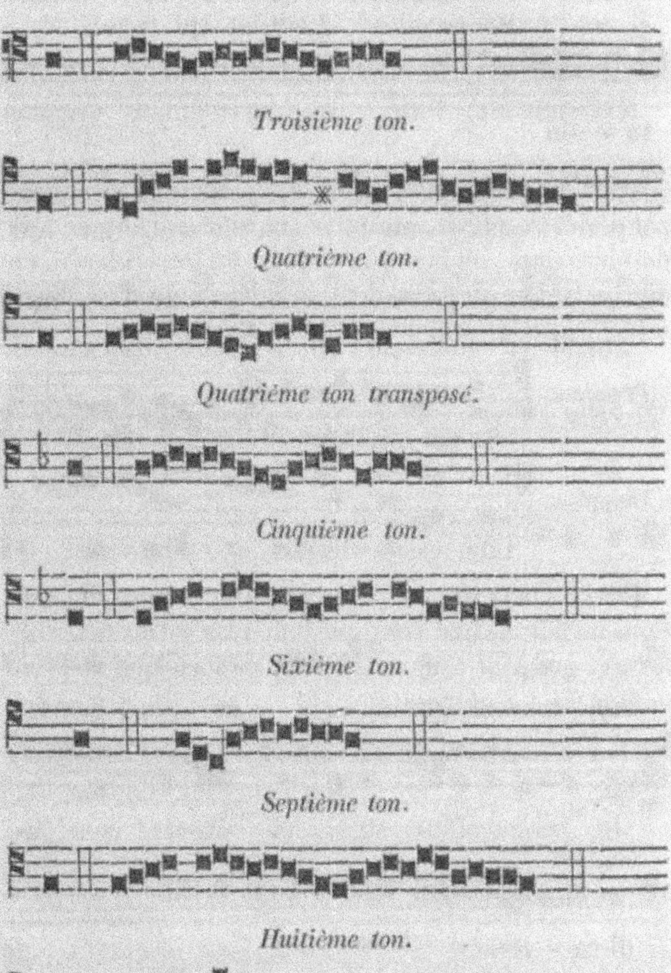

Chant du psaume Miserere *avec les variantes usitées.*

Ainsi alternativement tous les versets.

Psaume Laudate *avec l'antienne* Adoremus *, comme on le chante au saint Sacrifice ou après la Bénédiction.*

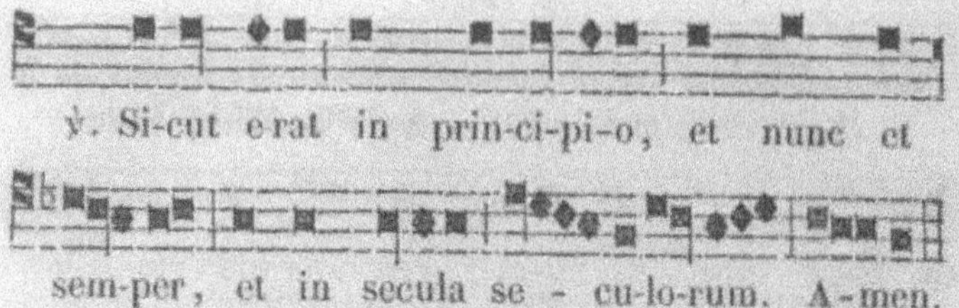

APPENDIX.

Manière de chanter les Versets, Oraisons, Leçons,
Epîtres, Evangiles et Préfaces, etc.

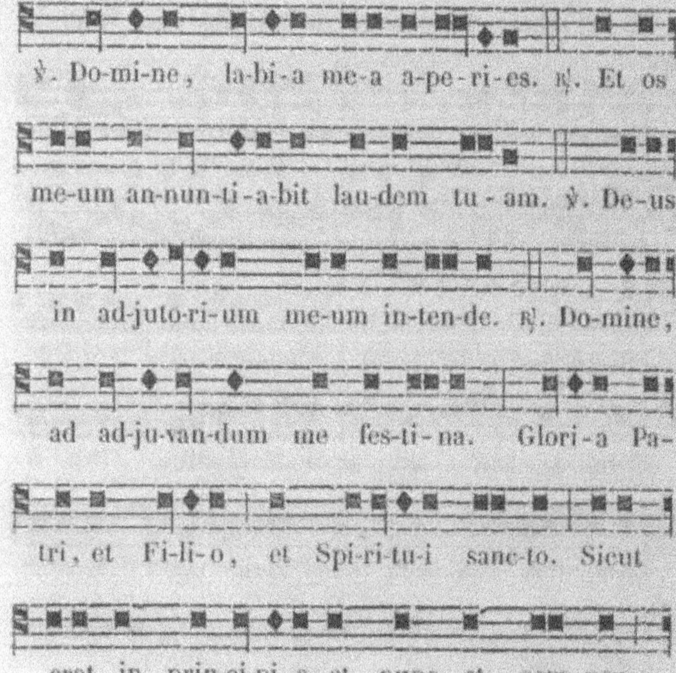

Les versets des nocturnes, et ceux qui suivent les hymnes se chantent dans les Fêtes triples et solennelles par trois acolythes, au milieu du chœur; dans les doubles et dimanches par deux; dans les fêtes inférieures par un seul au bout du banc de son côté. Celui de Complies se chante toujours de cette dernière manière. Voici le modèle pour ces Versets :

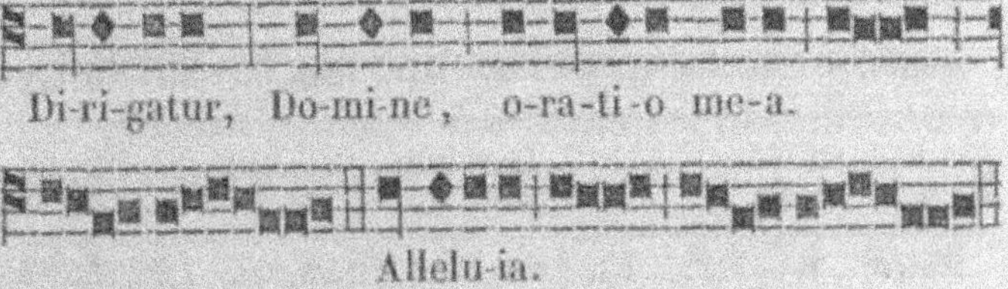

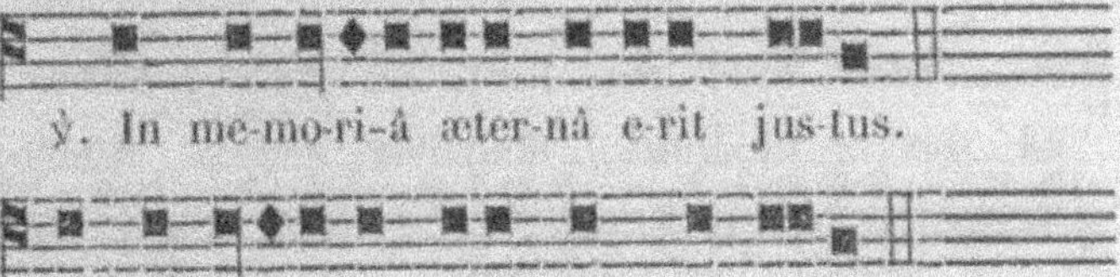

Aux Matines des Morts, le célébrant chante les versets des nocturnes, et le chœur y répond ainsi :

ꝶ. In me-mo-ri-â æter-nâ e-rit jus-tus.

ꝶ. Ab au-di-ti-o-ne malâ non ti-me-bit.

A l'Office des Ténèbres, ils se chantent par un seul acolythe, comme il suit :

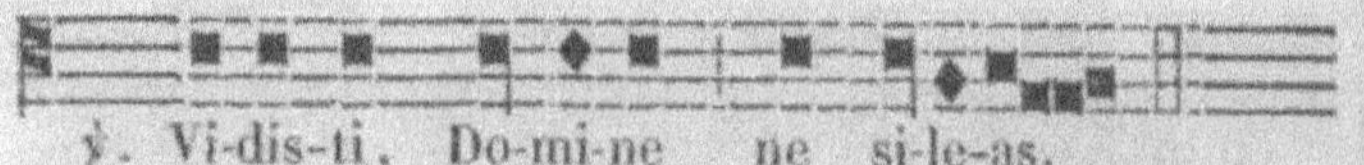

Le célébrant chante le verset sacerdotal , les versets des mémoires aux Laudes et aux Vêpres, ceux de Prime, celui de la Station , ceux du Salut et de la Bénédiction , etc., de cette manière, et le chœur y répond sur le même ton.

Ainsi se terminent aussi les Capitules. Les Absolutions et Bénédictions se terminent à la quinte. Exemple :

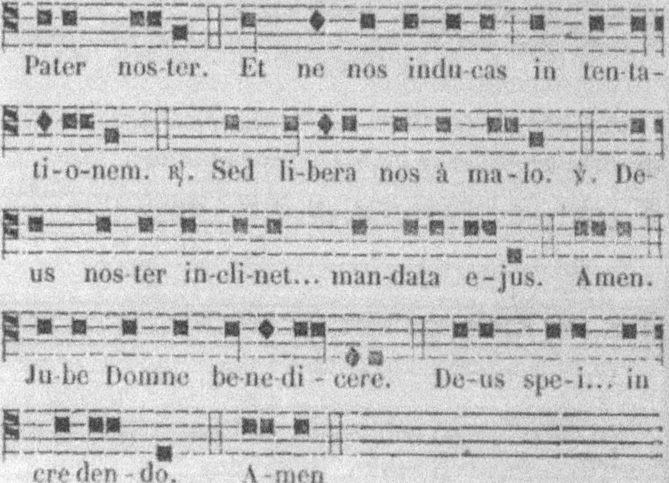

Leçons de Matines.

De I-sa-î-à pro-phe-tâ.

Points.   Monosyllabes.

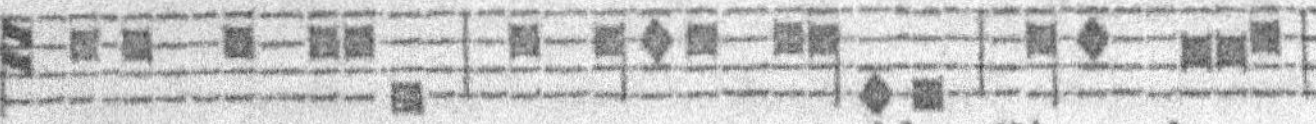

Cœlum et ter-ram. Appare-at a-rida. Fi-at lux.

Mots hébraïques.   *À la fin.*

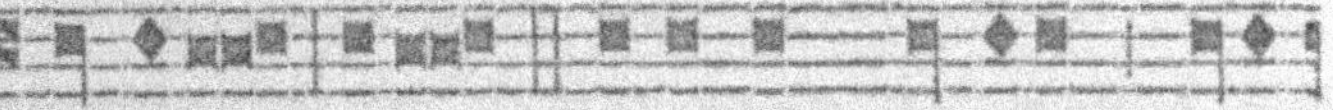

Is-ra-el. Jesum. Tu au-tem, Domine, mi-se-

rere nos-tri. ℟. De-o gra-ti-as.

Le point et virgule, les deux points, le point d'inter-rogation se marquent par une pause.

Dans les Offices des Morts, comme les Jeudi, Vendredi et Samedi saints, les leçons commencent sans béné-diction, et se terminent ainsi, sans *tu autem, Domine.*

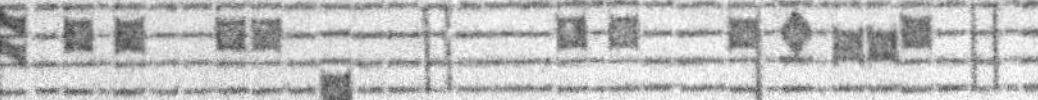

Non subsis-tam. Possit e-ru-e-re.

Dans plusieurs églises, on les finit de cette manière :

Surget corpus spi-ri-ta-le. I-na-nis in Do-mi-no.

Pour les oraisons de Laudes, de Vêpres, de la Messe, du Salut, et à l'Evangile, on chante :

7

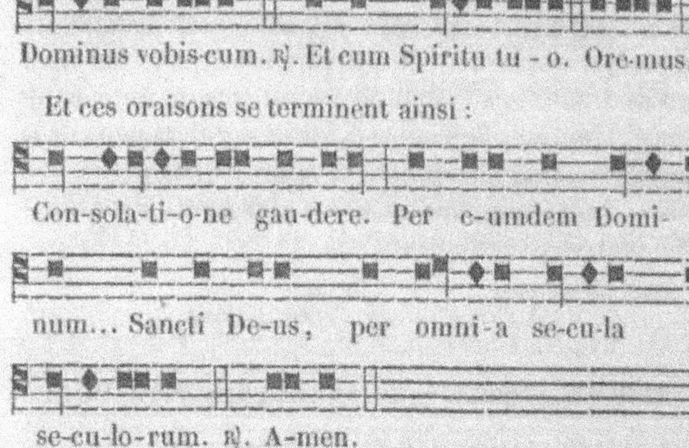

Dominus vobis-cum. ℟. Et cum Spiritu tu - o. Ore-mus.

Et ces oraisons se terminent ainsi :

Con-sola-ti-o-ne gau-dere. Per e-umdem Domi-

num... Sancti De-us, per omni-a se-cu-la

se-cu-lo-rum. ℟. A-men.

Oraisons de la Station, des mémoires de Laudes et de Vêpres qui ne sont pas la dernière, et la dernière du Salut.

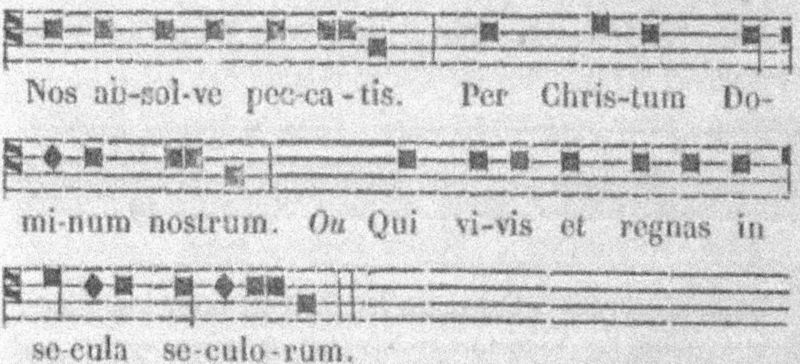

Nos ab-sol-ve pec-ca - tis. Per Chris-tum Do-

mi-num nostrum. *Ou* Qui vi-vis et regnas in

se-cula se-culo-rum.

Ainsi se terminent aussi la plupart des oraisons usitées pour les bénédictions extraordinaires. Au reste, il n'y a point d'embarras pour ceux qui chantent dans le missel; les oraisons qui se terminent à la dominante, comme plus haut, portent sur la quatrième, cinquième ou sixième syllabe avant la fin, un accent circonflexe. Celles qui tombent à la tierce, sont indiquées par un T qui se trouve sur la syllabe pénultième ou antépénultième. L'oraison de l'office des trois derniers jours de la Semaine-Sainte se termine comme les leçons de ces jours. *Subire tormentum*, comme plus haut *corpus spiritale*; le reste secrètement.

A Prime et aux Petites Heures.

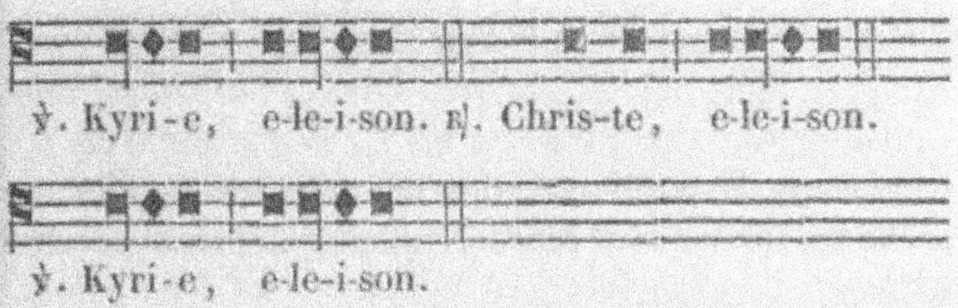

Les oraisons des petites Heures, celles du Salut, excepté la dernière, tombent à la quinte.

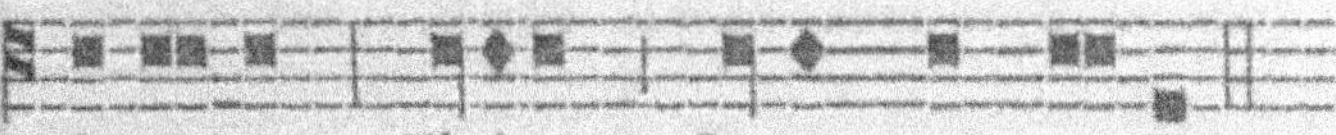

L'épître et l'évangile ont comme les leçons et oraisons

leur teneur sur la dominante. Comme ces deux pièces se chantent dans un missel, je n'ai besoin ici que d'indiquer les signes usités pour les modulations que la ponctuation demande.

Dans l'épître, on trouve quatre ou cinq syllabes avant d'arriver au point, un accent circonflexe. Il faut donner à la syllabe ainsi accentuée deux notes : la première, la dominante, la seconde, un ton au-dessus. Le point interrogant, les mots indéclinables et monosyllabes, comme dans les leçons. Si ce n'est qu'à la fin on fait une inflexion de voix sur les mots indéclinables et monosyllabes, comme on va le voir dans l'exemple qui suit. Avant les deux points, on trouve deux syllabes qui sont surmontées, la première, d'un T, la seconde d'un A ; là on les syllabes qui sont entre ces deux lettres (non pas celles qui les portent) doivent être descendues à la tierce mineure. La terminaison se fait comme les deux points. Cependant la syllabe surmontée d'un Z porte deux notes : la première une tierce en-dessous, la seconde à la dominante.

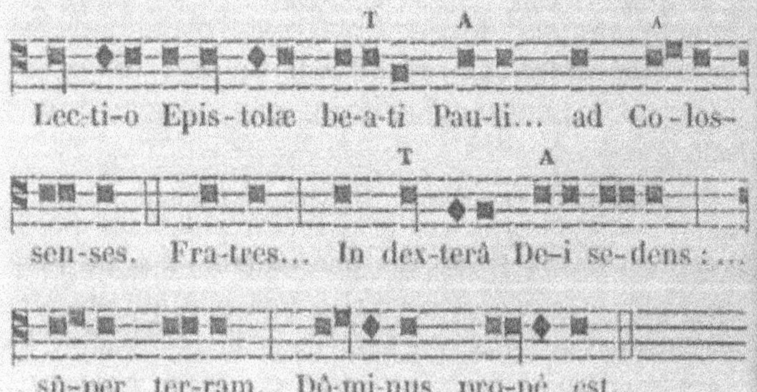

L'évangile se chante comme l'épître. Il n'en diffère qu'au point. On ne s'y écarte point de la dominante ; seulement la syllabe accentuée porte une double note. Aux mots indéclinables et monosyllabes, la voix fait la même inflexion que j'ai marquée pour les leçons.

Il convient que la dominante de l'évangile, quand il se chante au jubé, soit plus élevée que l'unisson de l'office, afin qu'il soit plus facilement entendu du peuple. N'est-ce pas pour la même raison que les versets d'un grand nombre de Graduels passent dans leur ton authentique, et se trouvent par-là une tierce au-dessus de la dominante. Le graduel se chantait autrefois sur les degrés du pupitre, d'où lui est venu son nom, du mot latin *gradus*, degré.

La préface se chante à l'unisson. Mais je ne puis blâmer l'usage de ceux qui la chantent plus haut que la dominante de la Messe. Ils lui donnent ainsi un extérieur plus solennel ; il n'y a rien non plus qui soit plus majestueux ni plus touchant dans la célébration du saint Sacrifice. Elles sont toutes du 2ᵉ ton transposé.

On doit les chanter avec enthousiasme, et ne pas trop s'attacher à la mesure. Il serait ridicule surtout de les chanter à notes égales; excès de mauvais goût qu'on n'aurait jamais cru possible, si on n'en avait été témoin.

CHANT DES BENEDICAMUS.

1ᵉʳ des Fêtes solennelles et triples.

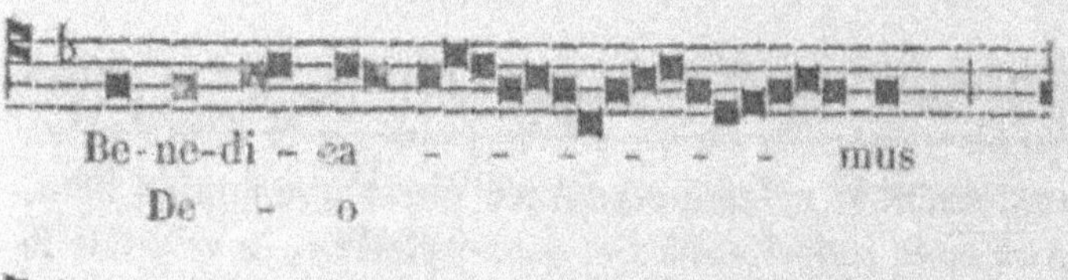

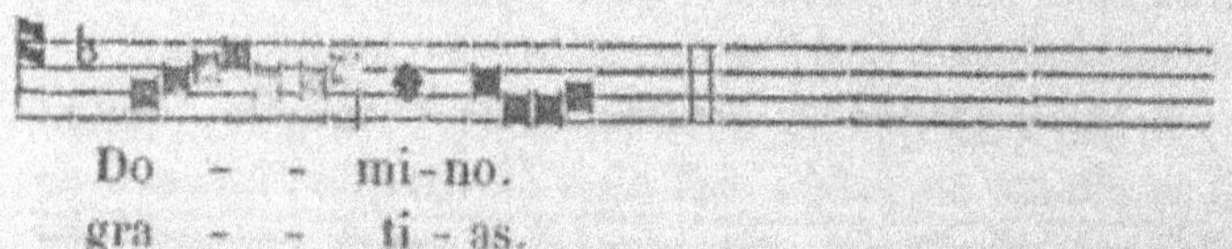

2ᵉ des Fêtes solennelles et triples.

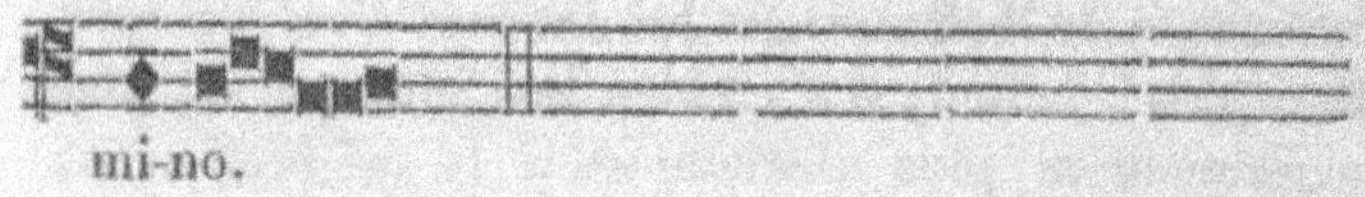

1er des Fêtes doubles, aux premières Vêpres et à Laudes.

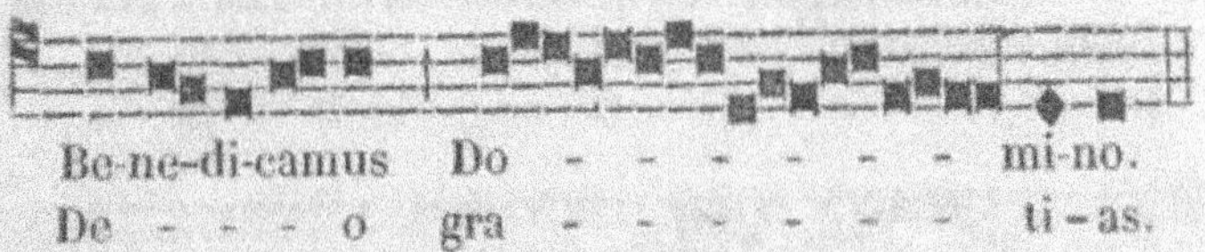

1er des Fêtes doubles, aux secondes Vêpres.

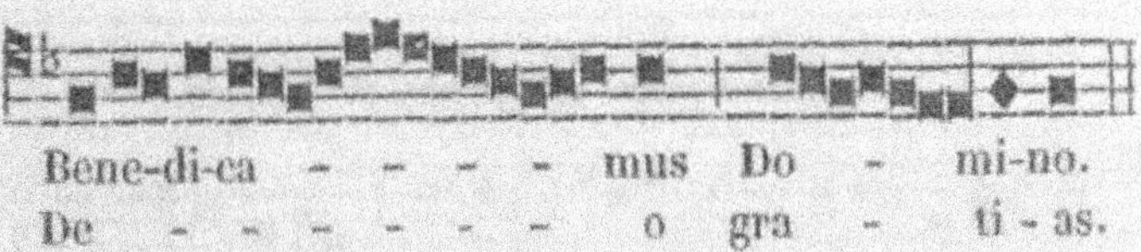

2e des Fêtes doubles, à tous les Offices.

Les Dimanches, semi-doubles et féries.

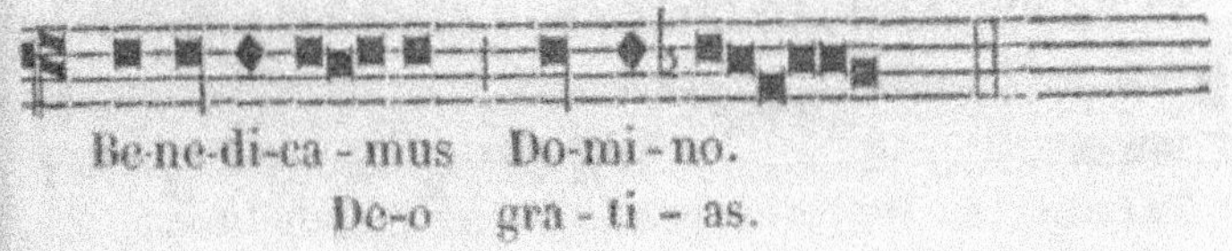

1.er du Dimanche de Pâques, à Laudes et à Vêpres.

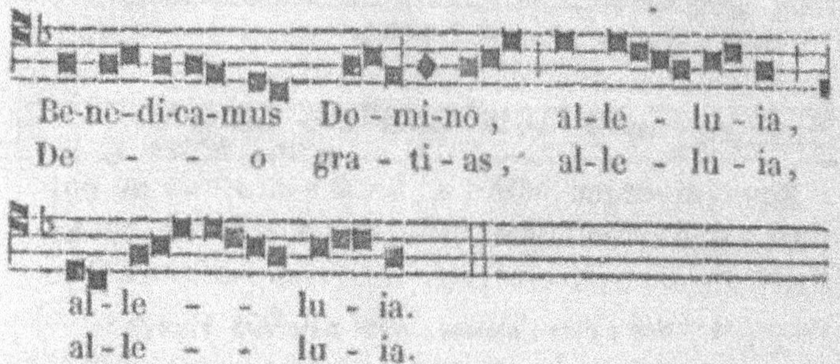

1.er des autres jours de l'octave de Pâques.

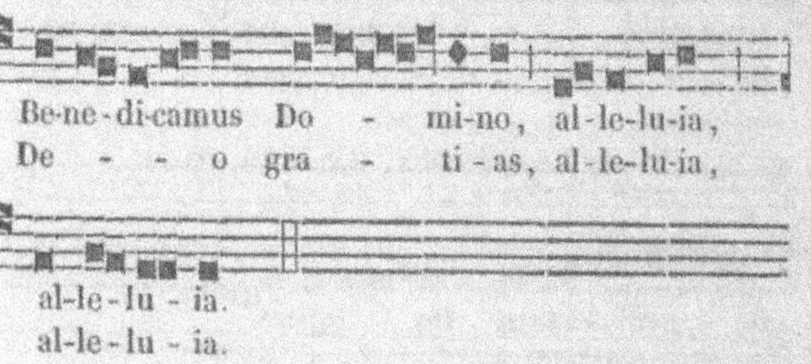

2.e pour tous les jours de l'octave de Pâques, et les premières Vêpres de la Septuagésime.

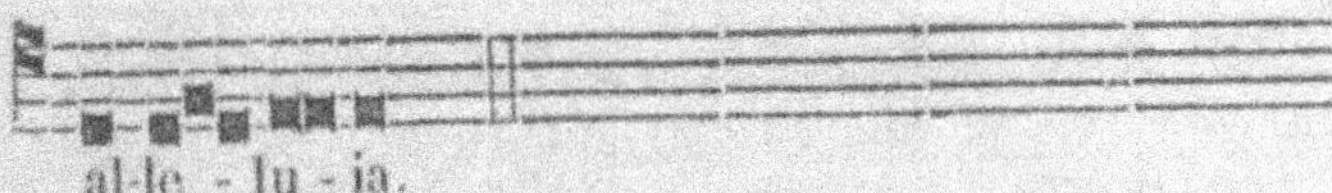

al-le - lu - ia.

CHANT DES RÉPONS BREFS.

Une grande partie des ℟. brefs sont notés en entier dans les antiphoniers et livres de chant. C'est dans ces livres qu'on trouvera ceux de Prime et ceux du dimanche. Pour les autres, voici en faveur des enfants qui apprennent à les chanter, des modèles avec et sans *alleluia*.

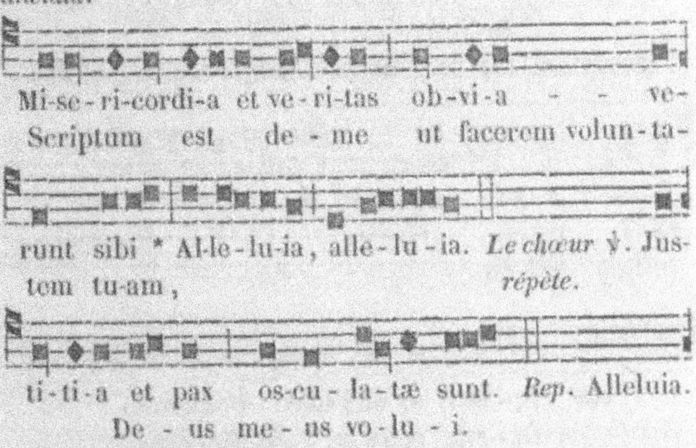

Mi-se - ri-cordi-a et ve - ri-tas ob-vi-a - - ve-
Scriptum est de - me ut facerem volun-ta-

runt sibi * Al-le-lu-ia, alle-lu - ia. *Le chœur* ℣. Jus-
tem tu-am, *répète.*

ti-ti-a et pax os-cu - la-tæ sunt. *Rep*. Alleluia.
De - us me - us vo - lu - i.

Glori-a Pa-tri et Fi - li-o, et Spiri-tu-i Sanc-to.

Rep. Misericordia. ℣. Os-ten-de no-bis, Domi-ne,
Scriptum est. Annun-ti - a-vi

mi-se-ri-cor-di-am tu-am, al-le-lu-ia. ℟. Et sa-
justi-ti-am tu-am, al-le-lu-ia. In

luta-re tu-um da no-bis, al-le-lu-ia.
Eccle-si-â magnâ, al-le-lu-ia.

Ex-pec - ta Domi-num, Vi — — ri-
In sanc-to, Ap — — pa-
Scriptum est de - me, Ut fa-cerem volun-

li-ter a-ge. *Le chœur* ℣. Et conforte - tur
ru - i ti - bi. *répète.* Ut vi - de - rem
ta-tem tu - am. De — — —

cor tu - um, et susti-ne Domi-num.
virtu-tem tu - am, et glo-ri - am tu - am.
us me — — — us, vo-lu - i.

Rep. Viriliter. Glo - ri - a Pa-tri, et Fi - li - o, et
Apparui.
Ut facerem.

Spi-ri-tu-i Sancto. *Rep*. Expecta.
               In Sancto.
               Scriptum est.

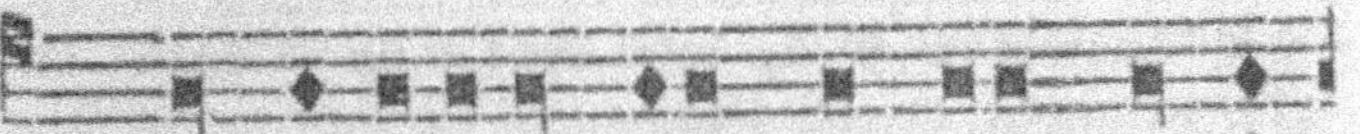

℣. Con-cu-pi-vi sa - lu-ta - re   tu-um Do-mi-
Immi - sit in os me-um can - ticum no-
An-nuntiavi jus - ti-ti - am tu-

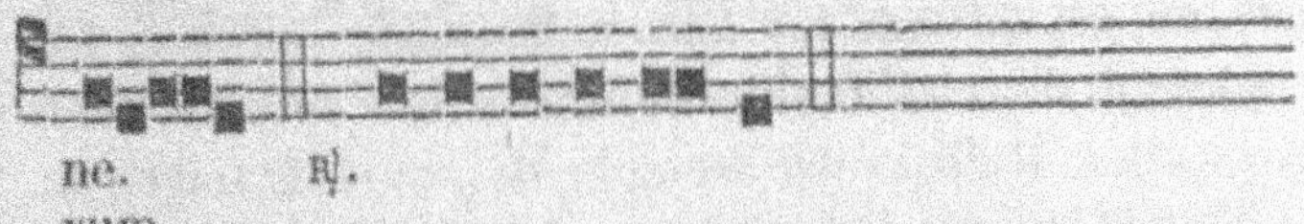

ne.   ℞.
vum.
am.

LEÇON HUITIÈME.

De la Transposition.

La transposition consiste à réduire tous les modes au même unisson. Cela ne regarde point ceux qui sont simplement chantres ; car la voix humaine chantera une pièce de chant aussi haut et aussi bas qu'elle voudra, sans avoir plus besoin dans un sens que dans l'autre, de diéser ni de bémoliser les notes. Il n'en est pas de même des instruments qui accompagnent le chant, comme le serpent et la contre-basse. Ces instruments ont leur gamme qui leur est naturelle : *re fa la re*. Ils exécuteront donc bien, sans aucune transposition, le 1er ton, dominante en *la*, parce que ce premier ton parcourt l'octave de *re*. Ils joueraient également sans transposer, les 4° et 6° en *la*, le 2° en *fa*, les 3°, 5° et 8° en *ut*, et le 7° en *re*. Mais que serait-ce qu'un tel office. Supposez que les cinq psaumes de vêpres soient, le 1er du 2° ton, le 2° du 7°, le 3° du 1er, le 4° du 3°, et le 5° du 5°. La teneur des psaumes roulera d'abord sur le *fa*, ensuite sur le *re*, puis sur le *la*, enfin sur l'*ut* du diapason ou de l'instrument. Quelle dissonance! Où trouver des voix capables de se prêter à cette marche? Il faudra donc transposer, c'est-à-dire, adapter la dominante des huit tons à la même note de l'instrument. Cette note sera *la*, *sol*, ou *fa*; *la* dans les fêtes solennelles, *sol* dans les triples; *fa* dans les doubles et dimanches. Telle est donc la question. Il s'agit, par exemple, de jouer le 2° ton en *la*. Je devrais hausser le *fa* dominante du 2° ton, à la hauteur du *la* du serpent. L'instrument en donnant *réellement* LA sol fa mi re, sera censé donner FA mi re ut si. Mais *la sol* qui font un ton n'équivalent pas à *fa mi* qui n'est qu'un demi-ton. Il en est de même de tous les autres intervalles des deux gammes que je veux rendre semblables. On peut s'en convaincre à l'œil par ces deux échelles qui représentent les tons et les demi-tons de ces deux gammes mises en opposition :

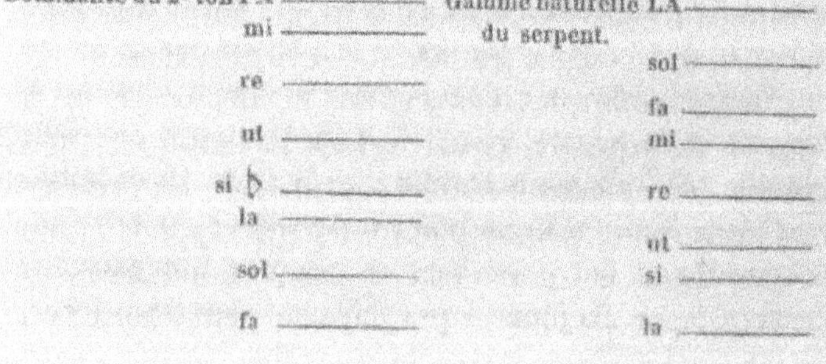

Dominante du 2° ton FA ——————   Gamme naturelle LA——————
      mi ——————   du serpent.

                                    sol ——————
      re ——————
                                      fa ——————
      ut ——————   mi——————
      si ♭ ——————   re ——————
      la ——————
                                      ut ——————
      sol ——————   si ——————
      fa ——————   la ——————

Ici, et dans tous les cas semblables, je transposerai, en dièsant ou bémolisant autant de notes qu'il sera nécessaire pour exprimer sur l'instrument une gamme analogue à celle que parcourt la pièce de chant qui m'est proposée. Dans le cas proposé plus haut, je réussirai, en dièsant *fa*, *ut*, *sol*; et tel sera le résultat de mon opération. Voyez maintenant la ressemblance de la gamme ainsi modifiée avec celle du 2ᵉ ton.

LA
sol ♯
fa ♯
mi
re
ut ♯
si
la

Dans la première édition de cette méthode, j'ai donné des gammes de transposition qui ont été calomniées. Assurément il n'y avait pas lieu; car je n'ai pas indiqué de dièse ou de bémol là où il n'en fallait pas. Mais j'ai scandalisé en disant *gammes* de transposition, lorsque je devais dire *échelles* de transposition. Effacez *gammes*, et soyons en paix. On a trouvé extraordinaire aussi de voir figurer ensemble des dièzes et des bémols dans la même gamme, ce qui n'a pas lieu dans la musique. Qu'on veuille bien juger du plain-chant d'après les principes du plain-chant, et non d'après les principes de la musique. Il y a, entre les deux, d'essentielles différences; celle-ci, par exemple, que dans le plain-chant nous ne connaissons que deux bémols, *si* et *mi*; toutes les autres notes s'altèrent par dièze.

Voici les échelles de transposition que je propose maintenant. Elles devront paraître d'autant plus faciles, qu'on peut, en les étudiant, se rendre compte de toutes les altérations que la transposition exige.

1°. *Transposition en* LA.

Les 1ᵉʳ, 4ᵉ et 6ᵉ se jouent sans transposition. Le si est bémol au 6ᵉ, souvent aussi au 1ᵉʳ, moins souvent au 4ᵉ.

Gamme décomposée en demi-tons.	Notes ordinaires des instruments.	RÉSULTAT DE LA TRANSPOSITION.			
		2e ton.	3e et 8e.	5e.	7e.
re	■	si	fa	fa	sol
ut ×	·	la	mi	mi	·
ut	■	·	·	·	fa
si	■	sol	re	re	mi
si ♭	·	·	·	·	·
LA	■	FA	UT	UT	RE
sol ×	·	mi	si	·	·
sol	■	·	·	si	ut
fa ×	·	re	la	la	si
fa	■	·	·	·	·
mi	■	ut	sol	sol	la
mi ♭	·	·	·	·	·
re	■	si	fa	fa	sol

Ainsi, pour les 2ᵉ, 3ᵉ et 8ᵉ, trois dièzes, fa, ut, sol; pour le 5ᵉ, deux dièzes, fa, ut; et pour le 7ᵉ, un dièze, fa.

2°. *Transposition en* SOL.

Gamme par demi-tons.	Notes naturelles de l'instrument.	RÉSULTAT DE LA TRANSPOSITION.				
		1er, 4e et 6e.	2e.	3e et 8e.	5e.	7e.
ut	■	re.	si.	fa.	fa.	sol.
si	■		la.	mi.	mi.	
si ♮		ut.				fa.
la	■	si	sol.	re.	re.	mi.
sol ✗						
SOL	■	LA	FA.	UT.	UT.	RE.
fa ✗			mi.	si.		
fa	■	sol			si.	ut.
mi	■		re.	la.	la.	si.
mi ♮		fa.				
re	■	mi	ut.	sol.	sol.	la.
ut ✗						
ut	■	re.	si.	fa.	fa.	sol.

Résumé : Pour les 1er, 4e et 6e, deux bémols, *si*, *mi*; s'il y a *si* bémol dans le chant, comme au sixième ton où il existe toujours, ajoutez *sol* ✗. Pour les 2e, 3e et 8e, un dièze, *fa*. Pour le 5e, il n'y a aucune altération. Pour le 7e, un bémol, *si*.

3°. *Transposition en* FA.

Le 2ᵉ ton est naturel. Les 1ᵉʳ, 4ᵉ et 6ᵉ se jouent, pour plus grande facilité, en *fa* ✕.

Gamme par demi-tons.	Notes naturelles des instruments.	RÉSULTAT DE LA TRANSPOSITION.			
		1er, 4e et 6e.	3e et 8e.	5e.	7e.
la	■	ut.	mi.	mi	
sol ✕		si			fa
sol	■		re.	re.	mi.
fa ✕		LA			
FA	■		UT	UT	RE
mi	■	sol	si		
mi ♭				si	ut.
re	■	fa	la	la	si
ut ✕		mi.			
ut	■		sol	sol	la
si	■	re.			
si ♭			fa	fa	sol
la	■	ut.	mi.	mi.	

Résumé : Pour les 1ᵉʳ, 4ᵉ et 6ᵉ, trois dièzes, *fa*, *ut*, *sol*. S'il y a bémol au *si* dans le chant, le *sol* ne sera plus dièze. Pour les 3ᵉ et 8ᵉ, un bémol au *si*. Pour le 5ᵉ, deux bémols, *si*, *mi*. Pour le 7ᵉ, deux bémols et *sol* ✕, ce qui équivaut à trois bémols, *si*, *mi*, *la*.

Remarquez que, dans ces trois tableaux, le serpent conserve toujours sans altération ses deux meilleures notes, *re*, *la*. On ne peut pas supposer ici les altérations accidentelles ; en cas de dièze ou bémol accidentel, un coup-d'œil sur l'un de ces tableaux suffira pour trouver le ton qu'il faut rendre.

PREMIER APPENDIX

En faveur des musiciens qui veulent jouer le Plain-Chant sans le connaître.

Avant tout, ils doivent savoir que chanter en *la*, en *sol* ou en *fa* ne signifie pas la même chose en plain-chant qu'en musique. En plain-chant, chanter en *la*, c'est, d'après ce que nous avons vu, adapter au *la* du diapason la dominante de toutes les pièces qu'on a à chanter, quelle que soit la tonique. En musique, cela indique *la* pour tonique et trois dièzes à la clé. De sorte que si nous disons à un musicien : nous chantons en *la*, il ne sait pas pour cela dans quel mode il doit jouer. Pour le savoir, il doit d'abord demander à quelle dominante on chante et de quel ton est le morceau de plain-chant. Il lui suffira ensuite de consulter le tableau suivant.

Si on chante en *la*.

Le 1ᵉʳ ton équivaut à re mineur.   ¿On ne fait le ♮ que quand
Le 2ᵉ. . . . . fa ✕ mineur. ⎰   il est marqué.
Le 3ᵉ. . . . . ut ✕ mineur inverse, avec trois ✕.
Le 4ᵉ. . . . . mi mineur inverse, sans ✕.
Le 5ᵉ. . . . . re majeur.
Le 6ᵉ. . . . . fa majeur.
Le 7ᵉ. . . . . re majeur, avec un seul ✕.
Le 8ᵉ. . . . . mi majeur, avec trois ✕.

Si on chante en *sol*.

Le 1ᵉʳ ton équivaut à ut mineur, souvent avec deux ♭.
Le 2ᵉ. . . . . mi mineur.
Le 3ᵉ. . . . . si mineur inverse, avec un seul ✕.

Le 4ᵉ. . . . . re mineur inverse, avec deux ♭.
Le 5ᵉ. . . . . ut majeur.
Le 6ᵉ. . . . . mi ♭ majeur.
Le 7ᵉ. . . . . ut majeur, avec un ♭.
Le 8ᵉ. . . . . re majeur, avec un seul ♯.

Si on chante en *fa* ♯.

Le 1ᵉʳ ton équivaut à si mineur, avec trois ♯.
Le 4ᵉ. . . . . ut ♯ mineur inverse, trois ♯ seulement.
Le 6ᵉ. . . . . re majeur.

Si on chante en *fa*.

Le 2ᵉ ton équivaut à re mineur.
Le 3ᵉ. . . . . la mineur inverse, avec un ♭.
Le 5ᵉ. . . . . si ♭ majeur.
Le 7ᵉ. . . . . si ♭ majeur, avec trois ♭.
Le 8ᵉ. . . . . ut majeur, avec un ♭.

Si on chante en *si* ♭.

Le 3ᵉ ton équivaut à re mineur inverse, avec deux ♭.
Le 8ᵉ. . . . . fa majeur, avec deux ♭.

DEUXIÈME APPENDIX

En faveur des plainchanistes qui veulent chanter la
musique sans la connaître.

Ici il ne s'agit pas de donner des leçons de musique.
Ceux donc qui voudront en connaître les principes,
les chercheront dans les livres qui en traitent. Il ne
s'agit que de transposition, c'est-à-dire, de la réduc-
tion des gammes de la musique à des gammes équiva-
lentes en plain-chant, ce qui a lieu par un procédé
très-simple. Si nous voulons, par exemple, étudier un
air de cantique, ce qui nous effraie le plus ce sont les

dièses ou les bémols qui sont à la clé. En les faisant
disparaître, nous aurons une gamme simple. Les
dièses se placent de quinte en quinte en montant, ou de
quarte en quarte en descendant, le 1er au *fa*, le 2e à l'*ut*,
le 3e au *sol*, etc. Les bémols au contraire se placent de
quarte en quarte en montant, ou de quinte en quinte
en descendant, le 1er au *si*, le 2e au *mi*, le 3e au *la*, etc.
Or, supposez que la note affectée du dernier dièse est
un *si*, ou que celle qui est affectée du dernier bémol
est un *fa*. Solfiez et copiez en conséquence; toutes les
altérations auront disparu. Voyez-en la preuve :

Gamme avec trois ♯.	La même, réduite.	Gamme avec trois ♭.	La même, réduite.
la	ut	sol	mi
sol♯	si	fa	re
fa♯	la	mi♭	ut
mi	sol	re	si
re	fa	ut	la
ut♯	mi	si♭	sol
si	re	la♭	fa
la	ut	sol	mi

Ensuite supposez une clé d'*ut* ou de *fa* placée à la
hauteur nécessaire, et vous aurez une gamme simple.
Exemples :

Gammes supposées de musique,

clé de sol.

Les mêmes, réduites.

Avec trois ♯.

De cette manière, il vous restera des gammes qui seront toutes d'*ut* majeur dans les tons par dièse, et de *la* mineur dans les tons par bémols. Ce sera, selon leur étendue authentique ou plagale, des cinquièmes ou sixièmes tons transposés, dans le premier cas; et des troisièmes ou quatrièmes dans le second cas. Car la tonique se prend, dans les tons par dièse, un degré au-dessus du dernier dièse, et dans les tons par bémols, un degré au-dessous du dernier.

MESSE DES ÉPOUSAILLES.

Introït.

Graduel.

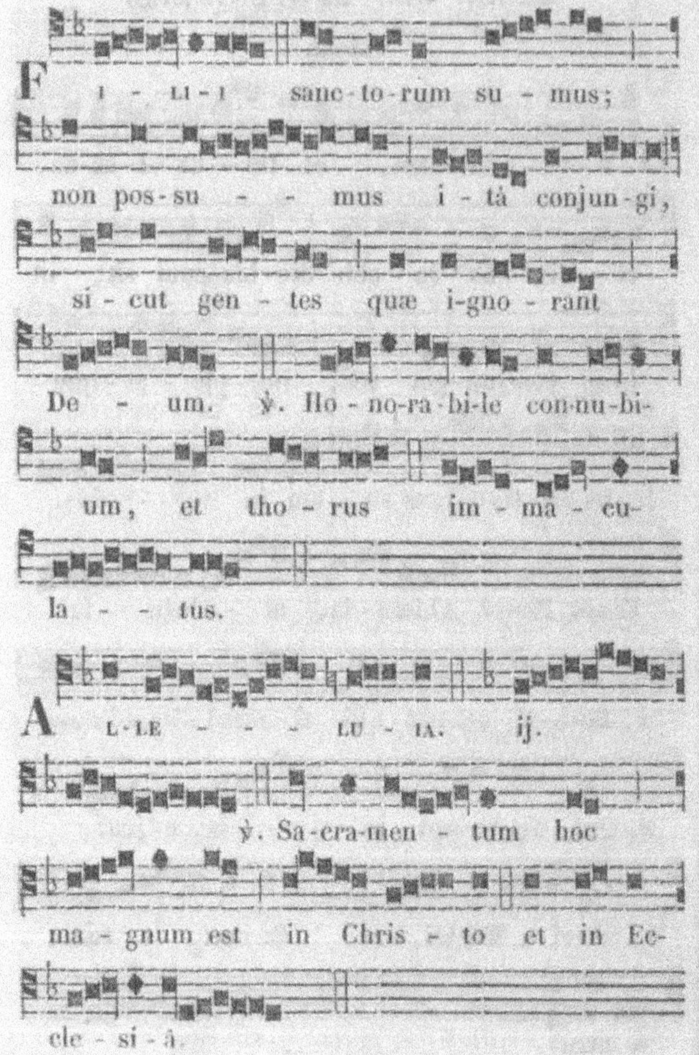
FI-LI-I sanc-to-rum su-mus;
non pos-su- -mus i-tà conjun-gi,
sí-cut gen-tes quæ i-gno-rant
De- um. ℣. Ho-no-ra-bi-le con-nu-bi-
um, et tho-rus im-ma-cu-
la- -tus.
AL-LE- - - -LU-IA. ij.
℣. Sa-cra-men-tum hoc
ma-gnum est in Chris-to et in Ec-
cle-si-à.

Après la Septuagésime, Trait.

Au temps Pascal, le premier Alleluia comme plus haut.

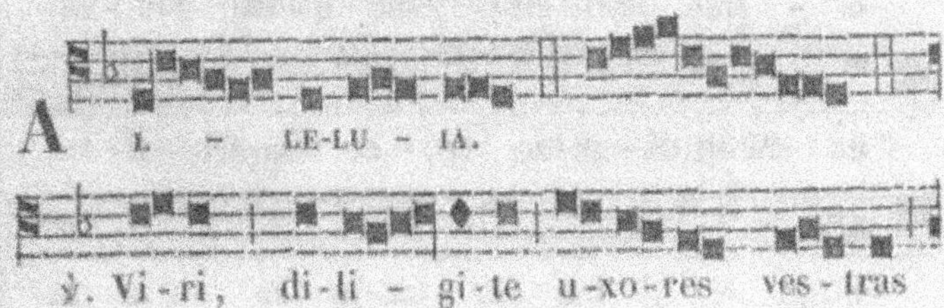

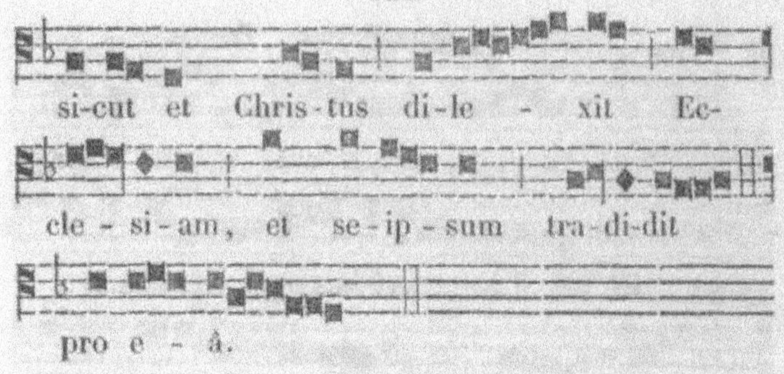
si-cut et Chris-tus di-le - xit Ec-
cle - si - am, et se-ip - sum tra-di-dit
pro e - â.

Offertoire.

E-NE-DI-XE - - RUNT Do-mi-num
Ra - gu-el et Anna, et di-xe-runt : Fe-
cis-ti, Do-mi-ne, no-bis - cum mi-se-
ri-cor-di-am tu - am mi-ser-tus es du-
o - bus u-ni-cis; fac e-os ple - ni-
us be-ne-di - ce-re te, et sa-cri - fi-
ci-um ti-bi lau-dis tu-æ et su-æ sa-

ni - ta - tis of - fer-re, ut co-gnos - cat u - ni-
ver - si - tas gen-ti - um, quí - a tu es De-
us so - lus in u - ni - ver - sâ ter-
râ. Temps Pascal. Al - le-lu - ia.

Communion.

BE - A - TI qui ad cœ - nam nup-
ti - a - rum a - gni vo - - - - ca - ti
sunt. Temps Pascal. Al - le-lu - ia.

SECONDE PARTIE.

CÉRÉMONIAL DES CHAPIERS.

Quelques Notions préliminaires.

1. Pour éviter les répétitions, et pour interrompre le moins possible l'exposé des cérémonies, j'ai placé ici en tête quelques notions nécessaires, auxquelles on se reportera toutes les fois qu'il sera besoin.

Les salutations prescrites par les rubriques sont de trois sortes : l'inclination, la génuflexion et la prostration. Il y a trois espèces d'inclination, l'inclination de tête, l'inclination médiocre et l'inclination profonde. La première doit se faire toutes les fois qu'on prononce les noms de la sainte Trinité, de Jésus, de Marie, ou du saint dont on fait la fête ; *item* au verset *Gloria Patri*, à la fin des psaumes. Quand une salutation est prescrite, on doit se découvrir, si on ne l'est pas déjà.

L'inclination médiocre est prescrite quand on salue quelque personne. Elle consiste à incliner légérement la moitié du corps. Chaque fois qu'on va faire à quelqu'un une intimation ou une invitation, on doit le saluer ainsi avant et après ; *item* quand on reçoit l'intimation, les encensements. Après avoir entonné un psaume ou hymne, inclination au clergé vers lequel on est tourné.

L'inclination profonde, qui consiste à incliner profondément la moitié du corps, est prescrite quand on entre au chœur, quand on en sort, quand on passe devant l'autel.

La génuflexion consiste à mettre le genou droit en terre, sans inclination de la tête. Elle remplace toutes les inclinations vers l'autel, lorsque le Saint-Sacrement est exposé.

La prostration consiste à mettre les deux genoux en terre avec inclination profonde. Elle doit se faire au lieu d'une génuflexion, quand on entre dans le sanctuaire ou qu'on en sort; quand on entre au chœur et quand on en sort, si on passe sur le sanctuaire ou au bas du sanctuaire. Ceux qui sont en fonctions ne la font que la première et la dernière fois qu'ils saluent.

2. Le Missel distingue dans un chœur (outre le sanctuaire), trois parties ou positions différentes : la partie supérieure, appelée avant-chœur, entre l'aigle et le sanctuaire; le milieu, entre l'aigle et le lutrin; et la partie inférieure, celle qui est devant le lutrin, et dans laquelle sont placés les siéges des chapiers ou tabourets. Dans un grand nombre d'églises, le chœur est trop petit pour qu'on y puisse admettre cette différence. Alors le milieu ne fait qu'un avec la partie inférieure ou avec la partie supérieure; et le premier chantre, qui devrait chaper entre le lutrin et l'aigle, n'a à parcourir que l'espace compris entre le lutrin et la barrière inférieure du chœur, ou bien entre le lutrin et le sanctuaire. Si, dans une église, on n'a point tout à la fois lutrin et aigle, le pupitre où se réunissent les chantres s'appellera toujours lutrin, quand même il serait fait en aigle.

CHAPITRE PREMIER.

Rubriques que doit observer le premier Chantre.

3. Le premier chantre est celui que le Missel nomme *Cantor* ou *Regens chorum* (1). A la Cathédrale, c'est une dignité qui donne droit à celui qui en est investi de porter toujours la première chape. Il use de ce droit dans les fêtes triples et solennelles. Dans les fêtes doubles et inférieures, il se fait remplacer par un sous-chantre. Dans les autres Eglises de première classe, il est assez ordinaire et assez convenable que cette fonction soit remplie par le premier vicaire. Dans les autres Eglises moindres, où il n'y a point de premier chantre en titre, nous donnons ce nom à celui qui porte la première chape. Cette fonction doit être bien honorable, car on en est communément assez jaloux. Quoi qu'il en soit, il serait à désirer que ceux qui la convoitent possédassent à fond la science du plain-chant; autrement, peuvent-ils porter à juste titre la qualification de chantre ou régent du chœur, *Cantor* ou *Regens chorum*?

4. A Matines et à Laudes, les fonctions du premier chantre se réduisent à désigner ceux qui doivent porter chape, chanter les leçons et les répons. Quelquefois, le maître des cérémonies est chargé de nommer pour ces deux dernières fonctions. Soit pour les leçons; mais les répons sont naturellement le domaine du premier chantre.

____

(1) *Ritus Celebrandi Missam.* C. 16, n⁰ 1 et suiv.; édition de 1759.

ARTICLE 1er. — *Prime, Tierce, Sexe, None.*

5. Lorsque le célébrant a commencé les petites heures, le premier chantre entonne l'hymne, se tenant debout au milieu de la partie inférieure du chœur. Vers la fin de l'hymne, il va, après avoir salué l'autel, intimer l'antienne à qui il appartient. Puis il commence le psaume, au moins jusqu'à l'astérisque. Il vaut mieux qu'il continue le premier verset jusqu'à la fin, pour indiquer la terminaison au clergé et au peuple qui reprennent après lui. Cela soit dit une fois pour toutes les intonations de psaumes.

6. L'antienne des petites heures s'adresse à celui qui occupe la première stalle à droite, dans les fêtes triples et solennelles. Dans les fêtes doubles ou moindres, elle s'adresse toujours au premier du côté du célébrant. Après l'intimation de l'antienne, celui qui commence le psaume se tourne vers le clergé, du côté qu'occupe le célébrant, à moins que le Saint-Sacrement ne soit exposé; ce qui s'observe aussi quand on entonne en chape les psaumes de Matines, Laudes et Vêpres, et les hymnes. On voit que dans les doubles, lorsque le célébrant est à gauche, le chapier de gauche doit se regarder comme le premier. Il y a des Eglises où après les psaumes de tout l'office, on intime une seconde fois l'antienne à la même personne. C'est l'usage presque général dans les campagnes. Je n'ai vu encore cette cérémonie recommandée ni défendue nulle part. Il n'y a que par analogie qu'on peut conclure qu'on ne doit pas l'intimer une seconde fois. Car dans les cérémonies de la procession qui se fait aux

Fonts, le dimanche de Pâques, il est écrit en tête des psaumes *Laudate* et *In exitu* : Un des anciens commence l'antienne *Alleluia*, et à la fin de ces deux psaumes, le chœur chante l'antienne *Alleluia*, sans nouvelle intimation.

ART. 2. — *Messe.*

7. Après les oraisons de la bénédiction de l'eau, le premier chantre commence l'antienne *Asperges me*, ou *Vidi aquam*, que le chœur continue. Il chante le ℣. et le *Gloria Patri*, et reprend l'antienne, si besoin est. Les dimanches de la Passion et des Rameaux, il retranche le *Gloria Patri*. Le plus souvent, c'est le célébrant qui commence lui-même ces antiennes. Alors le premier chantre n'a à chanter que les versets (1).

Après l'aspersion, ou après Tierce, s'il n'y a point d'aspersion, le premier chantre entonne le Répons de la procession. Si c'est une procession en chape, il invite ceux qui doivent en porter, se revêt de la sienne, et, se tenant au milieu d'eux, commence la procession.

8. Le célébrant porte une chape à la procession tous les dimanches et fêtes, excepté les dimanches de l'Avent, de la Septuagésime jusqu'à Pâques, la fête de la Purification de la sainte Vierge, la procession aux Fonts, celle des Rogations et autres extraordinaires. Il n'en est pas de même pour les chapiers. L'usage des chapes à la procession de la messe, ne leur est permis qu'aux dimanches de Pâques et de la Pentecôte, aux

____

(1) *Procession.* Édition de 1765, page 15.

fêtes de Noël, de l'Épiphanie, de l'Ascension, du Saint-Sacrement et de son Octave, de l'Assomption de la sainte Vierge, de la Dédicace, de saint Romain, de la Toussaint, et du patron de chaque Eglise (1). De ce qu'elles sont permises aux deux jours du Saint-Sacrement, on infère qu'elles sont permises aussi à la fête du Sacré Cœur de Jésus, et aux processions des grands saluts du Saint-Sacrement qui se font dans toutes les fêtes solennelles.

9. Dans toutes les Eglises, autres que la Métropole, tous les choristes peuvent prendre chape à ces processions (2). La rubrique ne dit pas qu'ils le doivent; ce qui laisse la liberté de distinguer par le nombre des chapes, les fêtes plus solennelles, comme Pâques, la Pentecôte, le Saint-Sacrement, l'Assomption, la Toussaint, Noël et le Patron, d'avec celles qui le sont moins. Mais s'il y en a à l'église, et qu'il y ait assez de choristes pour les porter; il doit y en avoir dans toutes les fêtes au moins six; une pour le célébrant, une pour le premier chantre, et quatre autres pour ceux qui chanteront le verset de la station. S'il n'y en a que cinq à l'église, le premier chantre n'en porte point à la procession de la messe; aux saluts, il prend celle du célébrant, qui se revêt de la chasuble, selon l'usage universel, quoi qu'en dise le Missel; *(Ritus celebr. missam.* C. 14, n° 16.)

10. La procession étant prête à se mettre en marche, le premier chantre, ayant salué, avance, le premier

(1) *Rubr. gener. Procession.* Art. 2.
(2) *Ibidem.*

de tous les chapiers, et prend sa place pendant la marche au milieu des deux rangs, un peu en avant du sous-diacre, et s'il n'y a pas de sous-diacre, à peu près à égale distance de la croix et du célébrant. Il chante seul le ℣. et le *Gloria Patri* du premier répons, et entonne le second, si le premier ne suffit pas. On ne chante du second, et même du premier, que ce qui est nécessaire pour la durée de la procession ; c'est-à-dire que l'on peut se contenter, là où la procession est courte, du premier répons avec son ℣., et la réclame.

Tous les chapiers, et il en est de même de tout le clergé, doivent, aux processions, marcher la tête découverte, à moins qu'ils ne sortent en dehors de l'église. On ne se couvre jamais, même dehors, quand on porte le Saint-Sacrement à la procession (1). Le premier chantre se découvre quand il chante seul.

11. Quand la procession arrive au lieu de la station, ou quand elle y est arrivée, le premier chantre commence le ℟. de la station, salue l'autel, et invite, en les saluant, quatre choristes dans les fêtes triples, et deux seulement dans les doubles, pour chanter le ℣., et se remet à sa place. Après l'oraison, il commence le ℟. ou l'antienne de l'entrée du chœur, ou l'introït, s'il y a orgue, et entre au chœur avec la procession. S'il n'est fête qu'à deux chapes, il rentre à sa stalle.

12. Mais s'il doit y avoir première chape, il va à la sacristie pour s'en revêtir, s'il ne la porte point déjà,

____

(1) *Rubr. gen. Process.* Art. 2.

ou, si la sacristie est éloignée, on la lui apporte. Alors, se plaçant sur le premier tabouret, il commence l'introït (1), à moins qu'il n'y ait orgue, et s'assied après avoir salué (2). Il se lève pour chanter le psaume, le *Gloria Patri*, et réclamer l'introït, et descend immédiatement au milieu du chœur, où il commence le *Kyrie* qu'il chante seul alternativement avec le chœur.

13. Il commence à marcher lorsque le célébrant monte à l'autel (3), et toutes les fois qu'il marche, il se retourne toujours du côté droit. Étant arrivé à l'aigle dans les grandes églises, ou au bas des degrés du sanctuaire dans les petites églises, il salue l'autel, descend au bas du chœur, et salue le clergé du côté droit de bas en haut, se retournant sur sa droite ; puis il salue l'autel en traversant le chœur, et salue de même le clergé du côté gauche, se retournant sur la gauche. Il ne doit pas saluer le clergé quand le Saint-Sacrement est exposé. Il continue de marcher pendant le reste du *Kyrie*.

14. Vers la fin du *Kyrie*, s'il y a orgue, et s'il n'y a point d'orgue, pendant que le chœur chante l'avant-dernier *Kyrie*, le premier chantre monte dans le sanctuaire, salue au bas de l'autel, ou si le sanctuaire est très-petit, au bas des degrés du sanctuaire, se retire un peu du côté de l'évangile, et adresse au célébrant le *Gloria in excelsis*, le saluant avant et après. Lorsque l'autel est long, ou que le Saint-Sacrement est

(1) L'usage d'entonner l'introït au milieu du chœur n'existe plus. Peut-être n'a-t-il jamais existé.

(2) *Ritus celebr. Miss.* C. 16, nº 14.

(3) *Ibidem.* Nº 5.

exposé, il reste au milieu de l'autel (1). Ensuite il salue au milieu comme devant, et il revient au milieu du chœur, où il s'arrête, tourné vers l'autel.

15. Lorsque le célébrant a entonné le *Gloria in excelsis*, il reprend après lui : *Et in terrâ pax* et chante cet hymne seul alternativement avec le chœur, à moins qu'il n'y ait orgue. Quand le thuriféraire vient l'encenser, il s'arrête pour recevoir l'encensement. Il marche pendant le *Gloria in excelsis*, se retournant vers l'autel et inclinant la tête à ces mots : *Adoramus te, gratias agimus tibi, Jesu Christe* et *suscipe deprecationem nostram*; à ces derniers mots : *Suscipe*, etc., il doit s'incliner profondément.

16. Pendant les oraisons, le premier chantre reste au milieu du chœur (2). Au commencement de l'épître, ou plus tôt, s'il est nécessaire, il va inviter, dans les fêtes triples, deux choristes pour le graduel, ou premier *Alleluia*, et quatre autres pour l'*Alleluia* ou trait, ou deuxième *Alleluia*; et dans les fêtes doubles (3), deux pour le graduel, lesquels chantent le graduel au milieu du chœur, sans chapes; et deux seulement pour l'*Alleluia*. Il commence à inviter ceux qui se trouvent placés au côté droit du chœur, et invite ensuite ceux du côté gauche, leur indiquant la fonction qu'ils doivent remplir. Après cela, il va s'asseoir sur son tabouret. Dans

(1) *Ritus celebr. Missam.* C. 4, nº 11, et C. 14, nº 12. C'est pour être conformes à l'usage que nous disons que le premier chantre se retire un peu du côté de l'Evangile. Cela n'est point ordonné.

(2) En cela, l'usage a prévalu contre la rubrique, qui porte qu'il devrait être au haut du chœur.

(3) Voir la note qui va suivre.

les simples dimanches, où le premier chantre n'a point de chape, il va également inviter deux chantres pour le graduel.

17. Pour ne point faire de renvoi, je place ici un tableau de l'ordre à suivre pour le choix des chapiers, selon la dignité des offices. Dans les églises où le petit nombre de choristes ne permet point de faire la distinction de premier et second siége, et où tous les chantres sont égaux, le premier chantre désigne ceux qu'il lui plait, à moins que l'usage ne soit autre.

INTROÏT OU PREMIÈRE CHAPE.		GRADUEL OU PREMIER ALLELUIA.		ALLELUIA OU TRAIT, OU 2me ALLELUIA.	
Solennelles et triples.	Le grand chantre.	Solennelles triples et doubles.	Deux du second siége.	Solennelles et triples.	Quatre du premier siége.
Doubles et Dimanches dans l'octave des fêtes de N.-S.	Le sous-chantre.	Dimanches et semi-doubles.	Deux acolytes ou enfants de chœur sans chapes.	Doubles et Dimanches dans l'octave des fêtes de N.-S.	Deux du premier siége (1).
Dimanches et semi-doubles.	Deux du second siége.	Simples et féries.	Un acolyte ou enfant de chœur sans chape.	Dimanches et semi-doubles.	Deux du second siége.
Simples et féries.	Un du second siége.			Simples et féries.	Un du second siége, sans chape.

18. Pendant l'épître, le graduel et l'*Alleluia* ou trait, le grand chantre reste assis, la tête couverte de son bonnet carré, lorsque le Saint-Sacrement n'est pas exposé (2). Il se découvre et salue médiocrement

---

(1) Il y a moyen de faire chanter, dans les fêtes du rit double majeur, le Graduel et l'*Alleluia* en chapes, sans cependant sortir plus de trois chapes. Ce moyen consiste en ce que deux chapiers chantent le Graduel à l'aigle, et viennent ensuite chanter l'*Alleluia* au lutrin. Cet usage est suivi à la Métropole et plus conforme à la rubrique.

(2) *Ritus Celebr. Miss.* C. 16, n° 5.

les chapiers, lorsqu'ils arrivent à ses côtés, faisant une inclination à droite, puis une à gauche. Il doit se découvrir encore pendant le premier *Alleluia* du temps Paschal (1); s'il n'y a point de prose, il se découvre aussi et se lève lorsque le diacre passe avec le livre des évangiles; s'il ne passe que pendant la prose, il s'arrête au milieu du chœur avec les autres chapiers.

19. Après l'*Alleluia*, il va au milieu du chœur et commence la prose. Il la chante seul alternativement avec le chœur. Il est encore dispensé de cela dans les églises qui ont un orgue. Toutes les fois que les chapiers marchent, ils doivent se croiser, c'est-à-dire que quand le premier chantre qui avance le premier, monte vers l'autel, les quatrième et cinquième chapes vont dans le même sens que lui, et les deuxième et troisième descendent vers le bas du chœur (2).

20. Pendant l'évangile, le premier chantre s'arrête au milieu du chœur et se tourne vers le diacre (3), sans cependant tourner le dos à l'autel. Voici la position : les cinq chapiers forment dans le côté droit du chœur une ligne perpendiculaire si on regarde l'autel comme le haut et l'entrée du chœur comme le bas; le premier au milieu, ayant à sa droite les deuxième et quatrième chapes, et à sa gauche, les troisième et cinquième : lorsque les cinq chapiers sont arrêtés ensemble, c'est toujours dans cette position qu'ils sont placés. Pendant que le chœur répond : *Gloria tibi Domine*, ils se tournent vers l'autel et se signent. Lors-

(1) *Ritus Celebr. Miss.* C. 16, n° 13.
(2) *Ibid.* N° 7.
(3) *Ibid.* N° 11.

qu'on chante l'évangile dans le sanctuaire, les chapiers l'écoutent au bas des degrés (1). S'il y a prône et que le clergé descende dans la nef, les chapiers déposent leurs chapes sur les tabourets, saluent l'autel, et descendent avec les autres ; sinon ils s'asseient, et se lèvent pendant les prières du prône et l'évangile. Pendant le reste ils se couvrent, comme pendant les instructions et sermons, si ce n'est à l'exorde et à la péroraison, et toutes les fois que le prédicateur prononce le nom de Jésus. Le prône étant fini, les chapiers, revêtus de leurs chapes, se placent au milieu du chœur.

21. Le célébrant commence le *Credo* ; le premier chantre continue : *Patrem omnipotentem*, et chante le symbole alternativement avec le chœur (2). Il reçoit les encensements comme au *Gloria in excelsis*, et baise le livre des évangiles, posant sa main droite sur le bord du livre, et répondant : *Credo et Confiteor*. Il marche ensuite pendant tout le *Credo* ; il incline la tête et se tourne vers l'autel à ces mots : *Jesum Christum, simul adoratur*. Il s'incline profondément à ces mots : *Incarnatus est... Homo factus est*, s'il est dimanche ou temps pascal ; les autres jours, il se met à genoux sur le degré du sanctuaire avec les autres chapiers.

22. Après le *Credo*, les chapiers s'arrêtent de front

(1) *Ritus Celebr. Miss.* C. 16, n° 4.

(2) L'orgue doit se taire au *Credo*. La nature de cette pièce semblerait exiger qu'elle fût chantée à deux chœurs, ou même tout entière par tout le chœur, comme le porte l'ordre romain : *Omnis chorus insipiens patrem omnipotentem ad finem usque perducat.* (Ord. VI, p. 73), et le troisième concile de Milan, ch. 5 : *Symbolum fidei totum à choro, non alternatim organo canatur.* La raison qu'en donne M. Lebrun est que le *Credo* est la profession de foi qui doit être faite par tout le monde.

au milieu du chœur. Quand le célébrant a dit *Oremus*, le premier chantre commence l'offertoire, à moins qu'il n'y ait orgue, et tous les chapiers marchent (1). Quand il est fini, ils s'arrêtent au milieu du chœur jusqu'à la préface (2). Les chapiers ne marchent jamais quand on ne chante rien. S'il y a offrande, les chapiers vont, chacun de son côté (le premier chantre toujours à droite), baiser la patène. Le premier chantre s'y présente immédiatement après le sous-diacre, à moins qu'il n'y ait un évêque. Ils font avant et après une profonde inclination au célébrant, et se remettent au lieu qu'ils occupaient auparavant. Lorsque le Saint-Sacrement est exposé, au lieu de cette inclination au célébrant, ils génufléchissent avant et après. Lorsqu'on revient de l'offrande ou de la communion, ou de recevoir des cierges, des cendres ou des rameaux, tous les membres du clergé doivent avoir l'attention de se retourner toujours en dehors.

23. Après la préface, le premier chantre commence le *Sanctus* au milieu du chœur, et marche ainsi que les autres chapiers. Il entonne aussi *Pleni sunt cœli* et *Benedictus*. Ce dernier se chante avant la consécration, dans les doubles et au-dessus, et après la consécration les dimanches, semi-doubles, etc. Après le *Sanctus*,

______

(1) A la Cathédrale, ils s'asseient; à la préface, ils se lèvent sur les tabourets, et ne marchent qu'au *Sanctus*. La Métropole a ses usages particuliers. Mais il ne paraît pas que les autres églises doivent avoir d'autres règles que le Missel ou un usage généralement suivi. Dans les églises où il n'y a guère de chantres, si les chapiers marchaient pendant l'Offertoire, il pourrait ne rester personne au lutrin; dans ce cas, il est nécessaire que les chapiers y restent eux-mêmes.

(2) Le Missel porte : au haut du chœur.

tous les chapiers s'arrêtent au bas du sanctuaire ; ils se mettent à genoux et s'inclinent profondément aux élévations, pendant lesquelles deux enfants chantent la strophe : *O salutaris hostia* que le chœur poursuit (1). Si le *Benedictus* est encore à chanter, les chapiers se lèvent, le premier chantre le commence, le chœur continue, et ils se remettent tous à genoux et s'inclinent profondément à l'élévation qui précède le *Pater* (2). Dans les églises qui ont un orgue, le premier chantre n'a rien à chanter au *Sanctus*. C'est l'orgue qui le commence ; le chœur reprend *Pleni sunt cœli*, etc., jusqu'à *Benedictus*, et l'orgue joue jusqu'au *Pater*. Si l'orgue joue au saint sacrifice dans les fêtes, il n'y a pas de raison qui empêche dans les églises qui n'en ont pas, de faire chanter un motet, comme l'*Adoremus* qui se trouve page 73 ou autre, pourvu qu'il s'adresse au Saint-Sacrement. Dans ce cas, le *Benedictus* se chante avant l'élévation.

24. Pendant le *Pater*, les chapiers restent debout au

---

(1) *Ritus Celebr. Miss.* C. 19, n° 16. Le Missel que je cite ne dit point sur quel chant on doit chanter cette strophe. C'est ce silence sans doute qui a donné lieu à l'usage assez grotesque de la chanter sur tous les chants d'hymnes de même mesure qui se rencontrent dans le cours de l'année. Le Missel imprimé en 1690, sous Mgr Rouxel de Médavy, s'exprime plus positivement ; il y est dit que cette strophe se chantera en tout temps sur le chant de l'hymne *Verbum supernum. Sub cantu* Verbum supernum, *omni tempore.* Au lieu de renvoyer après l'élévation le *Benedictus*, souvent on le chante avant, ce qui fait que quand le saint sacrifice sonne, on se précipite vers le sanctuaire pour se mettre à genoux, on accélère le chant, ce qui ne convient nullement dans un moment où le recueillement devrait être plus profond. On éviterait ce désordre en s'arrêtant à *Benedictus*. Peut-être le fait-on pour avoir lieu de chanter encore la strophe : *Uni trinoque Domino.* Mais on ne voit cette strophe recommandée nulle part.

(2) *Rubr. gen. Missalis.* C. 17, n° 5.

bas du sanctuaire (1). A *Pax Domini*, le premier chantre fait génuflexion, et pendant que le chœur répond : *Et cum spiritu tuo*, il descend au milieu du chœur et il entonne *Agnus Dei*. Pendant l'*Agnus*, les chapiers marchent. Le premier chantre se retourne vers l'autel et s'arrête, quand il l'entonne pour la deuxième ou troisième fois. Quand il y a un instrument de la paix, les chapiers qui marchent alors se retournent vers l'autel, s'arrêtent et répondent : *Et cum spiritu tuo*, à l'acolyte qui le leur présente à baiser. Après l'*Agnus*, il chante, sans aucune interruption, le ℣. *Domine salvum*; la première fois tout entier, et la troisième fois jusqu'à la médiante. Le *Domine salvum* se chante par ordre de Mgr l'Archevêque, tous les jours de Dimanches et Fêtes chomées (2). Quand il est fini, le premier chantre entonne immédiatement la communion au milieu du chœur, et, sans attendre qu'elle soit chantée, il va avec les autres chapiers au haut du chœur. Là, si le Saint-Sacrement est encore sur l'autel, il se prosterne avec eux ; sinon, il salue profondément l'autel, puis il salue médiocrement les chapiers de droite et de gauche, et il retourne à la sacristie avec eux, marchant le premier. Si le nombre des chantres est très-petit, il serait bon et même nécessaire que les chapiers attendissent que la communion fût chantée avant d'aller déposer leurs chapes. A la sacristie, le premier chantre salue la croix, se retourne pour saluer les chapiers qui viennent derrière lui, dépose sa chape, et revient au chœur.

(1) *Ritus Celebr. Miss.* N° 4.
(2) *Ibid.* N° 18. Et dans l'*Ordo.*

25. Lorsque le premier chantre ou quelqu'un des chapiers doivent communier, ils vont déposer leurs chapes avant de communier, s'ils en ont le temps. Autrement, ils communient en chapes, et ils retournent ensuite tous ensemble à la sacristie.

Art. 3. — *Vêpres, Complies, Salut.*

26. Vers la fin du troisième psaume de none, le premier chantre va engager deux choristes à chanter vêpres. Dans les dimanches et fêtes doubles, ce sont ceux qui ont chanté à la messe l'*Alleluia* ou trait. Aux premières vêpres des doubles majeurs, où il y a un répons, il invite deux choristes du second siége. Quand il n'y a point de chapes de même degré, pour pouvoir changer, ce sont les deux mêmes qui restent pour le répons. Dans les fêtes triples et solennelles, ce sont ceux qui ont chanté le graduel.

27. Dans ces dernières fêtes, pendant le cinquième psaume de vêpres, il invite quatre choristes pour le ℟. (ordinairement ce sont ceux qui ont chanté à la messe l'*Alleluia*), et aux premières vêpres des fêtes du rit double majeur, deux du premier siége. Il est chargé aussi d'inviter pour le ℣. de l'hymne de vêpres et le premier *Benedicamus* dans les fêtes triples et solennelles, à moins que cette fonction ne soit par l'usage réservée aux enfants de chœur. Dans les fêtes doubles et moindres, les versets et *Benedicamus*, le deuxième *Benedicamus* aux fêtes triples, et les ℣℣. de matines et complies leur appartiennent. Pour ces invitations, voyez ce qui est dit, n° 16.

28. A complies, le premier chantre intime les antiennes des psaumes et du cantique. Il entonne le premier psaume, l'hymne et le *Nunc dimittis*. S'il y a orgue, l'hymne et le cantique ne le regardent plus. Voir ce qui est dit plus haut, n°˚ 3 et 4.

29. Mgʳ le Cardinal Cambacérès, par une ordonnance publiée le 9 novembre 1807, a réglé ce qui regarde les saluts. Je pense qu'il ne sera pas hors de propos de rapporter ici les articles qui intéressent le premier chantre, sachant en outre que cette ordonnance est assez rare. Voici ce qu'elle contient :

« 4° Les saluts du Saint-Sacrement seront *grands* ou *petits*. Par grands saluts, nous entendons ceux qui se font avec l'ostensoir ou soleil; par petits saluts, ceux qui se font avec le saint Ciboire.

« 5° Nous accordons les grands saluts du Saint-Sacrement pour les jours des quarante heures, les jours de l'octave du Saint-Sacrement, à commencer le samedi, veille du premier dimanche, les jours de Pâques, de Noël, de l'Épiphanie, de l'Ascension, de la Pentecôte, de la Toussaint; dans chaque église particulière, le jour de la fête du Patron et de la première Communion des enfants. (On y ajoute maintenant le Sacré Cœur de Jésus, dont on ne faisait point alors l'office, et l'Assomption de la sainte Vierge, dans laquelle le grand salut était empêché par la procession solennelle prescrite le 15 juin 1806.)

« 6° Nous accordons les petits saluts tous les dimanches dans les villes, et une fois par mois dans les campagnes (1).

---

(1) C'est-à-dire (il me semble) qu'on fera, une fois par mois dans les

« 7° Les grands saluts pourront toujours commencer par une procession du Saint-Sacrement dans l'intérieur de l'église. Il n'y aura jamais de procession aux petits saluts.

« 8°...... Les petits saluts suivront toujours complies sans interruption.

« 9° Dans les églises où il est d'usage de faire publiquement la prière du matin et du soir, on pourra donner, à la fin de cet exercice religieux, la bénédiction du Saint-Sacrement avec le saint Ciboire; cette bénédiction n'étant pas un salut, elle ne sera précédée que de *Tantum ergo*, avec un ℣. et une oraison.

« Nous autorisons tous MM. les Curés et Desservants, même dans les campagnes, à donner aussi la bénédiction du Saint-Sacrement avec le saint Ciboire, chaque fois qu'ils feront la prière publique et en commun, ce qui est à leur disposition dans tous les temps de l'année. »

30. Dans les grands saluts, on chante toutes les pièces qui sont marquées dans les Processionaux. Le premier chantre entonne tout ce qui est prescrit, si ce n'est que dans la grande majorité des églises, le célébrant entonne lui-même les strophes de l'exposition et de la bénédiction. Pour la procession, mêmes cérémonies qu'à l'article 2, nombre 9. Lorsque les chapiers sont revenus dans le chœur, ils se retirent de côté et fléchissent le genou, trois à droite et deux à gauche, lorsque le Saint-Sacrement passe. Il faut

campagnes, ce qui se fait tous les Dimanches dans les villes. Peu importe que ce Dimanche soit le premier du mois, ou non.

ajouter *Gloria Patri* au *Domine salvum*. Toutes les pièces du salut se chantent debout, excepté les antiennes ou strophes de l'exposition et de la bénédiction, pendant lesquelles, comme pendant la bénédiction et le psaume *Laudate*, les chapiers s'agenouillent sur le degré du sanctuaire, ou, si le trop petit espace ne le permet point, sur les tabourets. C'est toujours le premier chantre qui chante le psaume *Laudate* alternativement avec le chœur. On ne le chante pas, s'il y a orgue.

Les saluts de l'octave du Saint-Sacrement ayant été, dans les livres nouvellement imprimés, mis en rapport avec l'octave publique de cette fête, il m'a paru inutile de les détailler ici, comme je l'avais fait dans la première édition.

Pendant toute l'Octave, les complies sont du Saint-Sacrement, même aux fêtes des saints (1).

31. Lorsqu'on chante le *Te Deum*, après la bénédiction, le célébrant le commence, le premier chantre se lève et reprend : *Te Dominum confitemur;* il continue de chanter cet hymne alternativement avec le chœur, à moins que l'orgue ne le remplace. Tous les chapiers marchent comme à la prose. Ils s'arrêtent et se tournent vers l'autel, au ℣. *Te ergo quæsumus* jusqu'à ce que le Saint-Sacrement soit déposé dans le tabernacle. Alors ils continuent de marcher jusqu'à l'oraison qu'ils entendent au haut du chœur. Après l'oraison ils se retirent dans le même ordre qu'à la messe. Ici, comme partout ailleurs, lorsque les cha-

____
(1) Rubr. du Bréviaire.

piers en descendant vers le bas du chœur, sont obligés de se retourner vers l'autel sans avoir achevé de parcourir l'espace ordinaire, ils doivent remonter vers le sanctuaire, sans achever ce qui leur restait à parcourir plus bas. Et s'ils doivent s'arrêter au milieu d'une pièce de chant, peu importe l'endroit où ils se trouvent; au lieu de forcer le pas pour se réunir à leurs collègues, ils s'arrêtent là où ils sont. Ce n'est qu'à la fin d'une pièce quelconque qu'ils se rallient tous ensemble.

32. Nous sommes loin encore d'avoir atteint l'uniformité dans la manière de célébrer les petits saluts, et c'est un malheur. Sans avoir ni la mission, ni la prétention de fixer des régles, j'expose mon avis.

1° Je distingue les petits saluts des grands saluts, non pas seulement parce que les premiers se font avec le saint Ciboire, et les seconds avec l'ostensoir; mais aussi parce qu'on retranche dans les petits saluts tout ce qui paraît convenir plus particuliérement à une procession, comme répons, pièces supplémentaires, et entrées du chœur.

2° Je distingue les petits saluts des simples bénédictions où il n'y a que *Tantum ergo*. Celles-ci doivent avoir lieu dans les églises où il est d'usage de faire publiquement la priére du matin et du soir; ce qui n'a lieu que dans les grandes paroisses de ville.

3° Les petits saluts différeront donc des grands saluts et des simples bénédictions. J'appellerai petits saluts ceux qui se font le dimanche, après l'office, et je ne fais pas de différence entre ceux du premier dimanche du mois et ceux des autres dimanches; ceux qui se font dans le Carême tous les jours ou certains jours de la semaine, dans une retraite ou une autre occasion extra-ordinaire, soit qu'on ait fait la prière, soit qu'on donne le salut par permission, sans la prière. Que chante-t-on dans ces petits saluts? Toujours trois choses, l'exposition, l'antienne à la sainte Vierge, et le ℣. pour le roi ou antienne pour la paix, comme il est marqué au Processionnal. Ainsi, pendant l'Avent : *In noctis*, *Ave maris stella*, *Convertat*.

De Noël au 14 janvier : *Homo superbus*, *Alma*, *Domine salvum*.

La veille et le jour de la Purification : *O salutaris*, *Ave regina*, *Domine salvum*.

De la Purification au Carême : *Panis angelicus*, *Ave regina*, *Deus omnium*.

Pendant le Carême : *Ave verum*, *Virgineis titulis*, *Domine salvum*.

Nous n'en avons pas pour la semaine sainte.

De Pâques à la Quasimodo : *Ave verum*, *Regina cœli*, *Domine salvum*.

De la Quasimodo à l'Ascension : *Paschalis*, *Regina cœli*, *Domine salvum*.

J'indique ici *Paschalis*, parce que je crois que l'usage est tel dans beaucoup de localités.

De l'Ascension à la Pentecôte : *Christe quem sedes*, *Regina*, *Domine salvum*.

Pendant l'Octave de la Pentecôte : *Ave verum*, *Regina cœli*, *Domine salvum*

De la Trinité au 1ᵉʳ juillet : *Panis angelicus*, *Salve regina*, *Convertat*.

Pendant le mois de juillet : *O salutaris*, *Ave maris stella*, *Domine salvum*.

Pendant le mois d'août : *Panis angelicus*, *Virgineis titulis*, *Deus omnium*.

Pendant le mois de septembre : *Ave verum*, *Ave maris stella*, *Exaudiat*.

Pendant le mois d'Octobre : *O salutaris*, *Salve regina*, *Deus omnium*.

Pendant le mois de novembre : *Panis angelicus*, *Sub tuum*, *Exaudiat*.

On ajoute pendant l'Avent le *Rorate*; dans le Carême *Miserere*, au temps de la Passion *Stabat mater*. Dans l'Octave d'une fête solennelle, on en fait mémoire par la prose, mais on n'y fait point mémoire des fêtes triples. Dans beaucoup de paroisses, le 1ᵉʳ dimanche du mois, le salut commence par une procession en chantant les litanies de la sainte Vierge ; cela ne change rien à la forme du salut.

Les jours de Pâques, de la Pentecôte et de Noël, si on ne fait pas le grand salut, et les lundi et mardi de Pâques, lundi de la Pentecôte, et fête de Saint-Etienne, le petit salut a sa forme particulière déterminée par le Processionnal, et commence par la station.

33. Pour ce qui est des saluts du Carême et autres extraordinaires, généralement on varie les strophes et antiennes selon les jours de la semaine. On pourrait s'accorder à chanter :

Le lundi : *Panis angelicus*, *Ave regina*.

Le mardi : *Tantum ergò*, *Sancta Maria*.

Le mercredi : *O salutaris*, *Ave maris stella*.

Le jeudi : *O quam*, *Virgineis titulis*.

Le vendredi : *Ave verum*, *Sub tuum*.

Le samedi : *Bone Pastor*, *Inviolata*.

Le *Domine non secundùm* n'est point une exposition, pas plus que le *Veni, Creator*.

Dans les petits saluts, il n'y a jamais de strophes immédiatement avant la bénédiction. Le premier chantre, sans chape, sur son tabouret, ou dans sa stalle, ce qui convient pourtant moins, commence tout ce qui se chante, à moins que le célébrant ne soit dans l'usage d'imposer lui-même les strophes au Saint-Sacrement.

CHAPITRE SECOND.

Rubriques des Chapiers dans les Fêtes à cinq ou trois chapes.

Art. 1ᵉʳ. — *Matines et Laudes.*

34. Les chapiers que le premier chantre a désignés, lesquels sont quatre dans les fêtes triples et solennelles, et deux dans les doubles et moindres, viennent au chœur dans l'ordre que nous dirons à la messe, saluent l'autel, descendent à l'aigle ou au lutrin, où ils chantent l'invitatoire et le psaume *Venite exultemus*, lequel fini, le premier chapier commence l'hymne pendant laquelle ils marchent tous, observant de faire les mêmes salutations qu'à la prose. Après l'hymne, ils s'asseient et se couvrent. Le premier et le deuxième intiment les antiennes à cinq dignitaires d'un côté et quatre de l'autre, et entonnent tour à tour tous les psaumes de matines. Ils se découvrent tous aux *Gloria Patri* des psaumes et répons, et se lèvent pendant *Pater noster* et les absolutions. Ils vont tous chanter à l'aigle le dernier répons, s'arrêtent au haut du

chœur, tandis que le célébrant entonne le *Te Deum*, reprennent ensemble *Te Dominum confitemur*, marchent pendant cet hymne, et s'arrêtent tournés vers l'autel au ℣. *Te ergo quæsumus*. Au dernier ℣., ils se rallient au milieu du chœur. Pendant laudes ils marchent. Les troisième et quatrième intiment les antiennes aux premiers dignitaires de chaque côté et commencent les psaumes de Laudes. Le troisième entonne l'hymne et le *Benedictus*. Pendant ce cantique ils marchent tous. Pour les encensements et le reste, même ordre qu'aux vêpres. S'il y a trop peu de chapes, ou trop peu de personnes pour les porter, au lieu de quatre, il n'y a à matines que deux chapes. Dans les fêtes doubles et autres, où il n'y a que deux chapes, ce sont les mêmes qui chantent laudes, et le chapier du côté du célébrant est le premier.

35. Les leçons et répons sont chantés par des choristes, en allant par gradation, des derniers rangs aux premiers siéges. Les évangiles se chantent en chapes, si ce n'est que, quand il y a un évangile pour quatrième ou dixième leçon, il n'en faut point. Avant chaque leçon, celui qui la doit lire se retourne vers le célébrant, et lui demande la bénédiction, en disant : *Jube Domne benedicere*. Il s'incline profondément, tandis que le célébrant le bénit, puis il se retourne vers l'autel et chante la leçon. Ceux qui ont chanté une leçon, chantent le ℟. qui la suit, avec un second de la même dignité qui s'unit à lui, sans chapes. Le dernier ℟. est excepté. Les leçons se chantent au milieu du chœur, et les ℟℟. à l'aigle, ou au lutrin. S'il y a des chapes à la procession, ceux qui les portent marchent

immédiatement avant le célébrant , autant d'un côté que de l'autre, ou tous sur une seule file , lorsque la nef est trop étroite , et les premiers derrière.

Art. 2. — Messe.

36. A la station , les choristes invités par le premier chantre , vont à la tête de la procession , saluent l'autel , et pour chanter le ℣. , se tournent vers le clergé qu'ils saluent avant et après.

37. Pendant l'épître , après avoir reçu l'invitation , ils vont saluer l'autel au haut du chœur ; et , ayant été se revêtir de chapes à la sacristie , ils entrent au chœur dans l'ordre qu'ils doivent tenir ; c'est-à-dire que si la sacristie est à droite du chœur , le quatrième entre le premier , suivi du deuxième , du premier et du troisième ; si la sacristie est à gauche , c'est le troisième qui ouvre la marche , le premier vient ensuite , puis le deuxième , et enfin le quatrième. Si enfin la sacristie est disposée , par rapport au chœur, de manière à ce que le clergé puisse entrer de chaque côté de l'autel , le premier chapier , suivi du troisième , arrive du côté de l'épître , et le deuxième , suivi du quatrième , du côté de l'évangile. Ils saluent l'autel tous ensemble , après quoi ils se saluent l'un et l'autre , c'est-à-dire que le premier et le deuxième se saluent réciproquement , puis les premier et troisième , et les deuxième et quatrième en font autant. Lorsque le Saint-Sacrement est exposé , ils ne se saluent point eux-mêmes , ni ne saluent le clergé. Ils descendent au lutrin , et en y arrivant saluent le premier chantre. Si

le graduel n'est point fini, ils s'asseient et se lèvent pour chanter l'*Alleluia* et son ℣. Après le ℣., ils reprennent l'*Alleluia*, à moins qu'il n'y ait prose ; dans ce cas, ils descendent au milieu du chœur et marchent pendant qu'on la chante. Voir ce qui est dit, n° 19. Les troisième et quatrième chapiers arrivent au haut du chœur les premiers, ils saluent l'autel (cette salutation doit être une prostration, si elle se fait aux degrés du sanctuaire et que le Saint-Sacrement soit exposé), se saluent encore eux-mêmes, puis étant descendus au bas du chœur, ils saluent le clergé chacun de son côté, selon ce qui est dit pour le premier chantre, n° 13. Les premier et deuxième chapiers en font autant à leur tour. Quand il n'y a point de prose, ces salutations se font au *Credo*. C'est la même cérémonie qu'ils ont dû observer à l'hymne de matines, et qu'ils observeront encore au ℟. des vêpres.

38. Au prône, comme le premier chantre. Pendant le *Credo*, les chapiers s'arrêtent de front au milieu du chœur. Le premier chapier, après le premier chantre, reçoit l'encensement ; puis il baise le livre des évangiles, répondant au sous-diacre *Credo et Confiteor*, et continue de chaper avec le deuxième. Le troisième étant encensé, marche aussi avec le quatrième. Lorsque le clergé du côté droit est encensé, les quatre chapiers s'arrêtent, ayant soin de ne pas faire attendre le thuriféraire. Celui-ci encense le deuxième chapier, qui étant encensé, marche avec le premier. Lorsque le quatrième est encensé, ils continuent de marcher pendant tout le *Credo*, observant du reste ce qui a été dit, n° 24. A l'offertoire, l'offrande, la préface, le *Sanctus*, les élé-

vations, le *Pater*, comme le premier chantre. A *Pax Domini*, ils ne descendent point au milieu du chœur en même temps que lui ; mais après l'intonation de l'*Agnus*, les premier et deuxième chapiers descendent vers le bas du chœur, et quand ils y sont arrivés, les autres viennent à leur rencontre. Pour la paix, voyez le n° 24. Après l'*Agnus*, ils s'arrêtent aux côtés du premier chantre, et sortent du chœur en même temps que lui, ayant auparavant salué l'autel, l'ayant salué lui-même, et s'étant salués mutuellement, comme il a été dit à leur entrée au chœur. Ils laissent passer devant eux le premier chantre qui sort le premier, et le quatrième chapier sort le dernier. Quand ils arrivent à la sacristie, ils saluent la croix, rendent au premier chantre son salut, déposent les chapes, et reviennent au chœur.

39. Aux messes des morts, après lesquelles on doit faire l'absoute, le premier chantre va seul déposer sa chape, les chapiers qui sont deux ou quatre, restent au chœur, et immédiatement après la messe, commencent le ℟. *Libera me*, que le chœur poursuit. Si l'absoute se fait dans le chœur, chacun reste à sa place, debout. Mais si elle se fait dans la nef, les chapiers et le reste du clergé y descendent avec le célébrant, et chacun se place autour de la représentation tumulaire, dans le même ordre qu'à une station ordinaire, et la face tournée l'un vers l'autre. Les chapiers chantent le ℣. *Miserere ;* ils y ajoutent tous les autres ℣℣., dans les offices à trois nocturnes ; mais seulement celui qui correspond à la férie, et le ℣. *Requiem* dans les offices où il n'y a qu'un nocturne. Ils reprennent *Libera me,*

chantent alternativement avec le chœur *Kyrie, eleïson.*
Le célébrant dit : *Pater noster;* tous alors se tournent
vers l'autel. Les chapiers psalmodient *à fa in re* alternativement avec le chœur le psaume *De profundis.* L'absoute étant finie, chacun rentre au chœur en bon
ordre ; les chapiers vont saluer l'autel au haut du chœur
avec le célébrant, et se retirent (1).

ART. 3. — *Vêpres et Salut.*

40. Vers la fin des psaumes de vêpres, quatre choristes dans les fêtes triples, et deux seulement aux premières vêpres des fêtes double-majeur, invités par le
premier chantre, se revêtent de chapes, et viennent
au chœur comme il a été dit, n° 37. Ils commencent
le ℟. à l'aigle, chantent le ℣. et le *Gloria Patri.* Pendant la dernière réclame, les deux premiers commencent à marcher, et les deux autres bientôt après. Pour
les salutations, voir le n° 37. Après le ℟., le premier
chapier entonne l'hymne, à moins qu'il n'y ait un
orgue. Ils marchent tous pendant l'hymne. A la dernière strophe, ils s'arrêtent au milieu du chœur, et
pendant le ℣., le premier chapier va intimer l'antienne
de *Magnificat* au premier dignitaire du côté droit,
ayant soin de ne point l'intimer assez fort pour couvrir
la voix des enfants qui chantent le ℣. ; pendant l'antienne ils restent arrêtés. Puis le premier chapier entonne le *Magnificat,* s'il n'y a point d'orgue, et ils
marchent ; lorsque le célébrant arrive au milieu du
chœur, ils s'arrêtent à ses côtés. Pour les encensements,

(1) *Ritus Celebr. Mis.* C. 15, n° 10 et 11.

voyez au *Credo*, n° 38. Il y a cependant ici quelque chose de plus, lorsque le Saint-Sacrement n'est point exposé, c'est que le célébrant, dès qu'il a été encensé, salue les premier et deuxième chapiers, lesquels aussi, après avoir été encensés, saluent les troisième et quatrième. A la première reprise de l'antienne, ou au *Gloria Patri*, s'il n'est que fête double ou moindre, ils s'arrêtent de nouveau près du célébrant. Le premier chapier chante *Gloria Patri*, et ils s'avancent tous avec lui jusqu'à l'aigle. S'il y a des mémoires, les chapiers les entonnent. La première mémoire appartient au deuxième chapier, la deuxième au troisième, etc. Après les oraisons, ils saluent l'autel et le célébrant, comme il a été dit à la fin de la messe, n° 38.

S'il y a procession en chapes, voir n° 6, 10, 36.

CHAPITRE TROISIÈME.

Rubriques des derniers Chapiers dans les Fêtes triples.

41. Dans les fêtes triples et solennelles, deux choristes revêtus de chapes, viennent au chœur pendant l'épître. Après les salutations qui ont déjà été dites pour les chapiers supérieurs, ils entonnent le graduel et chantent le ℣. à l'aigle. Ensuite ils saluent l'autel, se saluent réciproquement, saluent du haut du chœur le clergé (1), et retournent à la sacristie, le premier en avant.

42. Pendant le ℟. bref de none, ils viennent au chœur en chapes, et s'arrêtent au milieu. Chacun de

____
(1) *Ritus Celebr. Miss.* C. 16, n° 14, 4.

son côté, ils intiment les antiennes aux premiers dignitaires, et entonnent les psaumes tour à tour. Ils saluent
comme il est expliqué, n° 37. Pendant les psaumes ils
marchent, ils s'arrêtent et se tournent vers l'autel
aux ℣℣. *Sanctum et terribile*, *Sit nomen Domini*, *Non
nobis Domine*. Ils font de même aux *Gloria Patri*, en
quelqu'endroit qu'ils se trouvent. S'ils se trouvent
alors au haut du chœur, ils descendent pendant le ℣.
Sicut erat, près du lutrin, et s'y arrêtent pendant l'antienne. Lorsqu'ils vont intimer une antienne, ils saluent
l'autel avant et après. Quand l'un des deux commence
un psaume, son collègue avance vers l'autel, et va
l'attendre au haut du chœur. Lorsque les quatre chapiers arrivent pour le ℟., ceux qui ont chanté les psaumes se retirent (1).

CHAPITRE QUATRIÈME.

*Rubrique des Chapiers aux jours qui n'ont que deux
chapes.*

43. Les deux choristes qui ont chanté le ℣. de la
station sans chapes, vont aussitôt s'en revêtir, et viennent immédiatement sur leurs tabourets. Ils chantent
l'introït comme il a été dit à l'article du premier chantre, avec cette seule différence qu'ils chantent tous
deux ensemble, ce que celui-là chante seul. Ils obser-
vent les mêmes cérémonies que lui. Excepté qu'ils

(1) On peut remarquer que plus j'avance, plus j'abrège le détail des
cérémonies. En connaissant bien celles qui ont été expliquées jusqu'ici,
il sera facile de suppléer celles que je ne répète pas.

n'intiment point le *Gloria in excelsis* (1), ni n'invitent point pour le graduel. Quoique le premier chantre soit sans chape, les invitations néanmoins le regardent. A la fin du graduel, les deux chapiers se lèvent pour chanter l'*Alleluia* au lutrin, ou le trait à l'aigle, s'il y en a un. Pour le reste, voyez ce qui regarde le premier chantre. L'ordre des salutations et des encensements se trouve nᵒˢ 37 et 38.

44. Le cérémonial des vêpres est le même que ci-dessus, nᵒˢ 42 et 40. Ce sont les mêmes chapiers qui chantent les psaumes et le *Magnificat*. Cependant aux premières vêpres des fêtes doubles, ceux qui ont chanté les psaumes se retirent, et deux autres viennent pour le ℟., et achèvent les vêpres. Voir le nᵒ 26.

CHAPITRE CINQUIÈME.

Des Mémoires.

On appelle mémoire une mention qui se fait à laudes et aux vêpres après l'oraison de *Benedictus* ou de *Magnificat*, d'un saint, d'un mystère, ou d'une octave. Les mémoires consistent dans une antienne, un verset et une oraison. S'il se présente à faire mémoire de deux saints du même ordre au même office, par exemple, de deux pontifes aux premières vêpres, on ne répète point la même antienne deux fois, on supplée par celle de laudes; s'il s'en présente trois, on prend celle des deuxièmes vêpres; s'il s'en présente quatre, ce qui est

(1) Les veilles de Pâques et de la Pentecôte, les deux chapiers intiment ensemble le *Gloria in excelsis* au célébrant. *Ritus Celebr. Miss.* C. 4, nᵒ 11.

rare, on prend la première antienne et le ℣. du premier nocturne. Si cela arrive à laudes, on supplée en premier lieu par l'antienne des premières vêpres.

Les chantres sont quelquefois embarrassés pour trouver les mémoires qui doivent se faire. Quoique ce soit au sacristain ou au premier chantre de les préparer, il est néanmoins assez à propos que chacun y connaisse. C'est pour faciliter cette recherche que j'ai cru utile d'ajouter ici : 1° un mot sur la composition des offices ou la différence qu'ont entre eux les offices des différents rits ; 2° les tableaux de l'occurrence et de la concurrence, qui se trouvent en latin dans nos Bréviaires.

§ 1. — *Composition des Offices.*

L'Office Solennel est complet. Toutes les fêtes de ce rit ont une octave, excepté seulement le Sacré-Cœur de Jésus. Il anéantit les simples, semi-doubles et jours dans une octave.

Triple de Ire Classe. — L'invitatoire ne se répète point tout entier à chaque ℣. du psaume *Venite exultemus*. Les fêtes de ce rit ont une octave, excepté celle de l'Annonciation, de la Purification et de saint Nicaise. Elles excluent les simples, les jours dans l'octave et les simples mémoires.

Triple de 2e Classe. — Il n'y a plus à matines que trois leçons et trois répons. On ne fait plus de neumes qu'à la fin de chaque heure. Ces fêtes n'ont point d'octave, si ce n'est celles de saint Jean-Baptiste et de saint Pierre. Elles excluent les jours dans l'octave. Elles n'admettent point les mémoires simples. On appelle mémoires simples celles qui ne sont que mémoires et non pas offices. Voir le 1er janvier et le 24 juin, aux IIes vêpres.

Double-Majeur. — On ne triple point les antiennes de *Benedictus* et de *Magnificat*. Point d'octave. Ces fêtes l'emportent sur le Dimanche, comme celles des trois rits supérieurs.

DIMANCHE. — L'office dominical tient le milieu entre double-majeur et double-mineur. Il tient du triple de première classe, en ce qu'il a trois nocturnes complets. Mais dans le temps pascal, il n'a, aussi bien que les fêtes supérieures, qu'un seul nocturne. Il renvoie les doubles-mineurs au lendemain ou autre jour qui n'est point semi-double. Il admet les suffrages. Il exclut les vigiles, excepté celles de Noël et de l'Epiphanie.

DOUBLE-MINEUR. — A matines, trois antiennes. Point de suffrages.

SEMI-DOUBLE. — Point d'évangile à matines. On fait les suffrages à laudes et à vêpres.

SIMPLE. — Office tronqué. Aux premières vêpres, il n'a de propre que depuis le capitule jusqu'à complies exclusivement; à matines, il n'a que la dernière leçon et le dernier ℟. Laudes et les quatre petites heures sont complètes. Il n'a point de secondes vêpres; ce qui explique pourquoi on ne fait point mémoire d'un simple aux deuxièmes vêpres. On fait cependant mémoire d'une octave simple; et une octave même simple exclut le symbole *Quicumque* de prime du dimanche et les suffrages. Au-dessous de l'office simple, il n'y a que l'office férial, qui est celui du psautier avec le propre du temps. Parmi les féries, il y en a de trois classes, les féries mineures, ce sont les féries ordinaires de l'année; elles sont anéanties par quelque fête que ce soit; les féries moyennes (celles de l'Avent), et les féries majeures (celles des vigiles, des quatre-temps et du carême). On fait toujours mémoire, mais sans *Alleluia*, des féries moyennes et majeures. Voir le 8 décembre et le 25 mars. Les féries de Carême n'admettent que des fêtes triples; voilà ce qui explique pourquoi la fête de saint Matthias tombant en Carême, s'anticipe toujours le mardi de la quinquagésime.

On appelle suffrages les mémoires communes de la

sainte Vierge, de la Croix et du Patron. Celles de la sainte Vierge et du Patron se font tous les dimanches et autres jours non empêchés, depuis la Purification jusqu'aux premières vêpres de la Passion exclusivement, et depuis la fête de la Sainte-Trinité jusqu'à l'Avent. Dans l'Avent, et depuis la Passion jusqu'à la Quasimodo, il n'y a aucuns suffrages. Depuis la Circoncision jusqu'à la Purification, on fait mémoire de l'enfantement de la sainte Vierge par les antiennes *Peperit* et *Beatus venter*, à moins qu'il ne soit fête double ou au-dessus. Depuis la Quasimodo jusqu'à l'Ascension, il y a mémoire de la Croix, à moins qu'il ne soit fête triple ou solennelle. Depuis les Rameaux jusqu'à la Quasimodo, non-seulement il n'y a point de suffrages, mais on ne fait pas même mémoire des saints qui pourraient se rencontrer.

§ 2. — *Occurrence et Concurrence.*

Il y a occurrence dans les offices lorsque deux fêtes tombent le même jour. Il y a concurrence lorsqu'un office commence avant que l'autre ne soit terminé. Cela arrive aux vêpres où l'on peut avoir vêpres du jour présent et premières vêpres du lendemain. Pour savoir à quel office donner la préférence, on pourra consulter les deux tableaux suivants. Les chiffres insérés dans chaque case renvoient aux mêmes chiffres au bas de la première colonne, où est expliquée la marche que l'on doit suivre. Un zéro indique que la rencontre de deux fêtes ne se présente jamais. Si vous voulez trouver ce qu'il y a à faire lorsqu'un triple de deuxième classe tombe le même jour qu'un double-majeur, cherchez dans le tableau un chiffre qui soit tout à la fois vis-à-vis triple de deuxième classe de la colonne droite, et vis-à-vis double-majeur de la colonne inverse ; vous trouvez le chiffre 4. Reportez-vous enfin au chiffre 4 dans les indications, et vous saurez que le triple renvoie le double majeur au premier jour libre.

Tableau de l'Occurence.

Si ces Fêtes mobiles	Simple.	Semi-double.	Vigile.	Double-mineur (2).	Jour dans l'octave.	Jour de l'octave (3).	Double-majeure.	Triple de deuxième classe.	Triple de première classe.	Solennelle.
Solennelle.	4	4	2	1	4	3	1	1	1	1
Triple de première classe.	4	3	2	1	4	3	1	1	1	1
Triple de deuxième classe.	3	3	0	1	3	3	1	0	0	1
Dimanche privilégié de 1re classe.	3	3	2	1	0	3	1	1	1	1
Dimanche privilégié de 2e classe (1)	3	3	0	1	3	3	1	1	5	5
Dimanche ordinaire.	3	3	2	1	3	3	5	5	5	5
Jour de l'Octave.	3	3	2	1	3	0	5	5	5	5

(tombent le même jour que ces Fêtes fixes :)

INDICATIONS.

1. Office de la fête mobile. Translation de la fête fixe au premier jour libre.
2. Office de la fête mobile. Anticipation de la fête fixe.
3. Office de la fête mobile. Mémoire de la fête fixe.
4. Office de la fête mobile. Anéantissement de la fête fixe.
5. Office de la fête fixe. Mémoire de la fête mobile.

(1) Les dimanches privilégiés de première classe sont ceux qui excluent toutes fêtes, même solennelles ; tels sont le premier dimanche de l'Avent, le premier dimanche de Carême, le dimanche des Rameaux et le dimanche de Quasimodo. Les dimanches privilégiés de deuxième classe sont ceux qui n'admettent que des fêtes solennelles ou triples de première classe : ce sont les deuxième, troisième et quatrième de l'Avent, les dimanches de la Septuagésime, de la Sexagésime, de la Quinquagésime, les deuxième, troisième et quatrième de Carême, et le dimanche de la Passion.

(2) Quand le 31 décembre se trouve le dimanche, on fait l'office de saint Sylvestre le 30.

(3) Si au jour de l'octave est attachée une fête particulière comme

Tableau de la Concurrence.

Si un office du rit ci-dessous	Simple.	Jour dans l'octave.	Semi-double.	Jour de l'octave.	Double-mineur.	Dimanche ordinaire.	Double-majeur.	Dimanche privilégié.	Triple de deuxième classe.	Triple de première classe.	Solennel.
Solennel.	3	3	3	1	1	1	1	1	1	1	6
Triple de première classe.	3	3	1	1	1	1	1	1	1	6	4
Triple de deuxième classe.	1	3	1	1	1	1	1	1	6	4	4
Dimanche privilégié.	1	1	1	1	1	0	1	0	4	4	4
Dimanche ordinaire.	1	1	1	1	1	0	4	0	4	4	4
Double majeur.	1	1	1	6	1	1	6	1	4	4	4
Jour de l'octave.	1	1	1	4	1	4	4	4	4	4	4
Double mineur.	1	1	1	6	2	4	4	4	4	5	5
Semi-double.	1	1	2	4	4	4	4	4	4	5	5
Jour dans l'octave.	1	6	4	4	4	4	4	4	4	5	5

concourt avec un office du rit :

INDICATIONS.

1. Vêpres du jour présent. Mémoire du lendemain.
2. Vêpres du jour présent, jusqu'au capitule exclusivement, le reste du lendemain et mémoire du jour présent.
3. Vêpres du jour présent, sans aucune mention du lendemain.
4. Vêpres du lendemain. Mémoire du précédent.
5. Vêpres du lendemain, sans aucune mention du précédent.
6. Vêpres du plus digne, avec mémoire de l'autre.

Dans le concours de deux offices, on a égard au degré et à la dignité. Par degré, on entend la dénomination de solennel, triple, double, etc. Conséquemment, on dit que, eu égard au degré, solennel est au-dessus de triple, triple au-dessus de double, etc. La dignité

à ceux des octaves de saint Jean-Baptiste, de saint Pierre, de saint Romain, cette octave tombant le dimanche, on fait seulement mémoire de l'octave et on transfère la fête particulière.

se prend de l'objet de la fête. Ainsi, les fêtes de Notre-Seigneur sont au-dessus de celles de la sainte Vierge; ces dernières au-dessus des fêtes de tous les saints, et celles des apôtres au-dessus des autres. Si les deux fêtes qui concourent sont du même degré et de la même dignité, suivez l'indication deuxième ci-dessus. Si elles sont du même degré et différentes en dignité, suivez l'indication sixième. Si elles sont de différents degrés, vêpres seront de la fête du degré supérieur, avec mémoire de l'autre.

Si ces notions ne sont point suffisantes pour résoudre tous les cas qui peuvent se présenter dans le cours de l'année, au moins, peu s'en faudra.

CHAPITRE SIXIÈME.

Rubrique du Clergé non en fonctions.

Art. 1er. — *Messe.*

Bénédiction de l'eau. — Tous doivent être debout vers celui qui bénit l'eau. Ceux qui occupent les stalles sont censés debout, tant qu'ils ne sont qu'appuyés sur la miséricorde.

Asperges me ou Vidi aquam. — Debout, tournés vers l'autel. Quand il est prescrit de se tourner vers l'autel, ou vers l'officiant, ceux même qui occupent des stalles prêtant face à l'autel doivent se lever et ne plus s'appuyer.

Procession. — Tous ceux qui composent le clergé, les plus jeunes en avant, suivent deux à deux la croix, sans saluer l'autel en partant, à moins que le Saint-Sacrement ne soit porté en procession, auquel cas ils doivent faire une génuflexion. Ils doivent marcher et chanter gravement, non en courant, éviter le bruit, ne saluer personne, et ne jamais quitter les rangs sans une pressante nécessité. S'ils portent des cierges ou des rameaux, ceux qui marchent à droite du célébrant les tiennent de la main droite, ceux du côté opposé, de la main gauche (1). Lorsque le ℟. de la station est entonné, ils saluent l'autel, ensuite le célébrant, et se tiennent tournés l'un vers l'autre jusqu'à l'oraison. Pendant l'oraison, ils se tournent vers l'autel; ensuite ils rentrent au chœur sans précipitation et sans tumulte.

Introït.	Assis jusqu'à ce que le célébrant arrive.
Lorsque le célébrant arrive.	Debout, vers l'autel.
Lorsque le célébrant monte à l'autel, et pendant le *Kyrie eleison.*	Debout, tournés l'un vers l'autre. Pendant le *Kyrie*, le *Gloria in excelsis*, le *Credo* et l'Offertoire, hors les stalles, on s'assied. Le Missel prescrit le contraire; mais il nous semble qu'en cela la prescription est bien établie. Dans les stalles, on ne s'assied qu'à l'Epître, au Graduel et à l'*Alleluia* ou Trait, s'il n'est dit autre chose (2).
Lorsque le premier chantre ou les chapiers saluent le clergé.	Ils rendent le salut par une inclination médiocre.
Gloria in excelsis Deo.	Debout, vers l'autel.
Et in terrâ pax, etc.	Debout, l'un vers l'autre. Hors les stalles, assis.
Adoramus te.	Inclination de tête.
Gratias agimus tibi.	Idem.
Lorsque le thuriféraire encense le clergé.	On doit lui rendre le salut et se tenir debout, et ceux qui occupent des stalles ne point être appuyés.
Suscipe deprecationem nostram.	Debout et inclination profonde vers l'autel.
Dominus vobiscum et oraisons.	Debout, vers l'autel.
Epître, Graduel et *Alleluia.*	Assis, la tête couverte. Il faut se découvrir au premier *Alleluia* dans le temps Pascal. Aux ℣℣. *Adjuva nos*, dans le trait *Domine non secundium* et *Veni*

(1) *Rubr. gener. Processionalis.* Art. 2 et 4.
(2) *Rub. gener. Miss.* C. 17, n° 7.

	sancte Spiritus; aux messes du Saint-Esprit, on se met à genoux; si c'est le dimanche, on se lève et on se tourne vers l'autel. Ceux qui chantent ces ℣℣. restent toujours debout.
Prose.	Debout.
Lorsque le diacre passe avec le livre des Évangiles.	Debout, vers lui.
Évangile.	Debout, tournés vers celui qui le chante. A Noël, à ces mots : *Et verbum caro factum est*, et, à l'Épiphanie, à ces mots : *Et procidentes adoraverunt eum*, s'il n'est dimanche, on fait la génuflexion. A ces mots de la Passion, *Emisit spiritum* ou *Expiravit*, chacun baise la terre. Au nom de Jésus et Marie, inclination de tête.
Gloria tibi, Domine.	Tous, tournés vers l'autel, se signent avec le pouce de la main droite au front, à la bouche et à la poitrine.
Prône.	Comme les chapiers, n° 20.
Credo in unum Deum.	Debout, vers l'autel.
Patrem omnipotentem, etc.	Debout. Hors les stalles, assis.
Encensements.	Comme plus haut, au *Gloria in excelsis.*
Jesum Christum.	Inclination de tête.
Simul adoratur.	Idem.
Et incarnatus est..... Homo factus est.	Les dimanches et dans le temps Pascal, inclination profonde vers l'autel. Les autres jours, à genoux.
Dominus vobiscum... Oremus.	Debout, vers l'autel.
Offertoire.	Debout, l'un vers l'autre. Hors les stalles, assis.
Quand l'Offertoire est chantée.	Debout, vers l'autel.
Offrande.	Chacun de son côté, les plus anciens immédiatement après les chapiers, avancent vers le célébrant, sur deux lignes, et reviennent de même. Voir le n° 22.
Orate fratres.	Debout, vers l'autel, à moins qu'on ne chante.
Préface.	Debout, vers l'autel.
Sanctus.	Tous debout, tournés l'un vers l'autre.

Après le *Sanctus.*	Debout, vers l'autel. Dans les jours de jeûne et les féries de l'Avent, à genoux jusqu'à l'*Agnus Dei*, excepté aux vigiles de Noël, de Pâques et de la Pentecôte.
Élévations.	A genoux, inclination profonde. Deux acolytes chantent la strophe *O Salutaris hostia*, qui s'omet aux messes des morts.
Pleni sunt cœli.	Debout, l'un vers l'autre.
Dernière élévation.	A genoux, inclination profonde (1).
Pater noster, jusqu'à *Agnus.*	Debout, vers l'autel.
Agnus Dei.	Tous debout, l'un vers l'autre.
Communion.	Idem.
Communion du prêtre.	Debout, vers l'autel, et inclination médiocre, à moins qu'on ne chante ; dans ce cas, on reste l'un vers l'autre.
Communion des fidèles.	A genoux, à moins qu'on ne chante ; si on chante, debout. Après la communion, assis.
Post-communion.	Debout, vers l'autel.
Bénédiction.	Inclination profonde vers l'autel. A genoux, si c'est une bénédiction du Saint-Sacrement.
Dernier Evangile.	Debout, vers l'autel.
Et verbum caro factum est	Les dimanches et dans le temps Pascal, inclination profonde ; les autres jours, génuflexion.
	Avant et après les offices, chacun fait sa prière debout, vers l'autel, les dimanches et dans le temps Pascal, et, les autres jours, à genoux. On entre et on sort en bon ordre et sans confusion, sur deux lignes, les plus jeunes en avant. A la sacristie, on salue la croix et le célébrant.

ART. 2. — *Autres offices en général.*

Tout le clergé doit se tenir debout, la face tournée l'un vers l'autre, au psaume *Venite exultemus*, pendant

____

(1) *Rub. gener. Miss.* C. 17, n° 5.

les hymnes, les évangiles de matines, le *Gloria Patri*
des ℟℟., le *Te Deum*, les cantiques évangéliques, les ℟℟.
brefs des petites heures, le salut tout entier, si ce n'est
qu'il ne faille s'agenouiller, ou se tourner vers l'autel.

On doit se tourner vers l'autel, quand le célébrant
commence un office par ces mots : *Domine labia mea*,
Deus in adjutorium, ou *Converte nos* jusqu'après *Alleluia*,
lorsqu'il chante le *Pater noster*, les absolutions, capitules
et oraisons ; à la strophe *O regina potens*, dans *Virgineis
titulis* ; à la strophe *Ave maris stella*, etc., à moins que
le Saint-Sacrement ne soit exposé ; à la strophe *O vera
cœli victima* dans *Paschalis agni nuptiis* ; à la strophe *Veni
superne spiritus* aux vêpres de la Pentecôte ; pendant
l'hymne *Veni creator*, à tierce du même jour ; à ces
mots : *Adesto nobis Domine* dans *Christe qui lux es et dies* ;
au ℣. *Te ergo quæsumus* du *Te Deum* ; au ℣. *Qui passus
est* jusqu'à la fin, dans le symbole du dimanche à
prime, lequel en cet endroit doit hausser sa teneur
d'un ton, et pendant qu'on chante les antiennes, appelées OO de Noël, si c'est le samedi ou dimanche ; car
les autres jours on doit se mettre à genoux.

Tous doivent fléchir le genou, lorsqu'ils traversent
le chœur, si le Saint-Sacrement est exposé, comme
aussi depuis la consécration jusqu'à la communion.
Quand le Saint-Sacrement n'est point présent, il n'y a
à faire qu'une profonde inclination. Disons la même
chose à ceux qui arrivent au chœur et qui en
sortent.

On s'assied, la tête couverte, pendant les psaumes,
les ℟℟., les leçons, et on se découvre aux ℣℣. *Gloria
Patri*, *Sanctum et terribile*, *Sit nomen Domini benedictum*,

et *Non nobis , Domine* , aux vêpres du dimanche , et lorsque les chapiers saluent.

Si quelqu'un arrive au chœur, la messe commencée ,
ou pendant les ℣ ℣. *Gloria Patri*, les oraisons , les absolutions et bénédictions, l'évangile, la préface, le *Pater
noster*, tandis que le célébrant chante quelque verset ,
lorsqu'il commence la messe au bas de l'autel, lorsque
le clergé est à genoux , il ne doit point avancer, mais
attendre au haut du chœur, debout, ou à genoux , si
on est à genoux , que ces articles soient finis.

Des choristes qui ont une soutane à queue traînante,
doivent la laisser tomber, chaque fois qu'ils paraissent
dans le chœur, et surtout s'ils remplissent quelque
fonction. Cette remarque m'a été particulièrement recommandée par Monsieur l'Official diocésain, Grand-
chantre.

CHAPITRE SEPTIÈME.

Quelques Offices extraordinaires.

1. Dans l'Avent, après complies ou au salut , deux
enfants chantent l'antienne *Rorate*.

2. Le jour de Noël, et il en est de même dans toutes
les fêtes solennelles, les livres d'office indiquent une
station devant le Crucifix, après complies, laquelle
station est suivie de la bénédiction. Le grand salut ,
permis par Mg{{r}} le Cardinal Cambacérès, en a pris la
place (Voir n° 33). Ce grand salut est permis, mais
non ordonné. Si on ne le fait pas , on fait la station. Si
on le fait, on omet la station, et l'aspersion les jours
de Pâques et de la Pentecôte.

A Noël, à Pâques et à la Pentecôte, la station et la bénédiction sont permises, non-seulement le jour de la fête, mais aussi les jours suivants. D'où l'on conclut (1), que le jour de Saint-Etienne, les lundi et mardi de Pâques et lundi de la Pentecôte, on peut encore suivre tout ce qui est marqué, afin de distinguer, par plus de solennité, ces trois principales fêtes de toutes les autres. A ces stations, deux ou trois enfants chantent alternativement avec le chœur, à Noël : *Verbum lumen*; à Pâques : *O filii*; à la Pentecôte : *Veni sancte spiritus*. Aux autres fêtes solennelles, où il n'y aurait point de grand salut, faute d'ostensoir ou d'hostie, ce serait là aussi la forme du salut, et deux ou trois enfants chanteraient, à l'Epiphanie : *Prompto gentes animo*; à l'Ascension : *Solemnis hæc festivitas*; à l'Assomption : *Plaudamus*; à la Toussaint : *Exultet laudibus*.

3. Pendant le Carême, après complies ou au salut, deux enfants chantent le Psaume *Miserere*, comme il est noté, page 92. Dans le temps de la Passion, ils y ajoutent la prose : *Stabat mater*.

4. Le Dimanche des Rameaux, au retour à l'église, deux ou trois enfants chantent dans l'église, tournés vers le peuple, et les portes fermées, le ℣. *Gloria laus*, etc.

5. Les Jeudi, Vendredi et Samedi Saints, pendant le cantique *Benedictus*, on éteint tous les cierges, excepté un, qu'on cache pendant l'antienne, sous l'autel, derrière l'autel, ou derrière le lutrin, selon la disposition des lieux. Après l'antienne, tous étant à genoux, deux chantres, derrière l'autel ou derrière le lutrin,

____

(1) D'après cet axiome : *favores ampliandi*.

chantent à haute voix : *Kyrie eleïson, etc.* Deux prêtres, ou un seul prêtre, s'il n'y en a pas deux, à genoux, au bas du chœur, répondent : *Domine, miserere nostri*. Le chœur continue : *Christus Jesus, etc.* Les deux chantres : *Christe eleïson*. Deux autres prêtres, debout, au milieu du chœur, ou le même, s'il n'y en a qu'un, debout, dit : *Qui venisti, etc.* Les deux chantres : *Christe eleïson*. Les deux derniers prêtres, debout : *Qui exaltatus, etc.* Les deux chantres : *Christe eleïson*. Les deux derniers prêtres, debout : *Qui locutus es, etc.* Les deux premiers prêtres : *Domine, miserere nostri*. Le chœur : *Christus Jesus, etc.* Un enfant, debout, au milieu du chœur, chante : *Mortem autem crucis*.

6. Le Jeudi-Saint après la messe, le célébrant va, sans procession, mais précédé seulement du diacre et du sous-diacre, de deux acolytes portant des torches allumées, des céroféraires portant leurs cierges allumés et du thuriféraire qui encense continuellement le Saint-Sacrement, déposer la sainte hostie au lieu qui a été préparé. Pendant ce temps, on chante les vêpres, à voix médiocre, c'est-à-dire sur une dominante plus basse qu'à la messe, en signe de tristesse.

7. Le Vendredi-Saint, pour l'adoration de la croix, deux chantres, revêtus de chapes noires, viennent au milieu du chœur, répondent après le célébrant : *Agios ô Theos, agios ischiros, agios athanatos, eleison imas*, qu'ils reprennent par trois fois, fléchissent les genoux seulement pendant qu'ils chantent ces mots, et se relèvent immédiatement après. Lorsque le célébrant, le diacre, le sous-diacre et les deux prêtres en chasuble, s'il y en a, ont adoré la croix, les deux

chapiers, avançant à genoux sur le tapis qui doit être préparé à cet effet, vont l'adorer à leur tour. Ensuite ils font une génuflexion à la croix, et vont déposer leurs chapes à la sacristie. Cependant, deux autres chantres, sans chapes, au milieu du chœur, chantent : *Ego propter te*, etc. Tous les choristes vont adorer la croix à leur tour, avançant à genoux, comme il vient d'être dit pour les chapiers. Le premier chantre commence l'antienne *Crucem tuam*, chante le ꙗ. et reprend, et ajoute, suivant le besoin, les hymnes qui suivent.

Après l'adoration de la croix, le célébrant, accompagné du diacre et du sous-diacre, des céroféraires portant leurs cierges allumés, du thuriféraire et de quelques autres, vont, sans rien dire, au lieu dit *le Sépulcre* ou la *Chapelle ardente*. On y allume des cierges qui ne doivent s'éteindre qu'après la communion. Le premier chantre commence l'hymne : *Vexilla regis* que le chœur poursuit, et en revenant, le thuriféraire encense continuellement le Saint-Sacrement.

Lorsque le célébrant a pris la sainte hostie et les ablutions, vêpres comme hier.

Le soir, complies se chantent au milieu du chœur, tout le clergé debout, en cercle parfait, les uns tournés vers les autres.

8. Le Samedi-Saint, le sacristain n'oubliera pas de préparer au lieu ordinaire, des charbons dans un réchaud, un boute-feu, un peu d'amadou, des allumettes (il est évident qu'on ne peut pas se servir d'allumettes chimiques, ni d'un cierge pascal qui ne serait pas de cire, au moins en quantité dominante), un encensoir vide, la navette, le goupillon trempé dans

l'eau bénite, cinq grains d'encens dans un bassin, le cierge pascal et un autre cierge.

Avant la procession aux fonts, deux ou trois enfants chantent au milieu du chœur, la première litanie. Deux chantres chantent la seconde. Après la bénédiction de l'eau baptismale, deux chantres en chapes chantent la troisième, et restent en chapes pour la messe. Nous disons *deux seulement*, pour être conséquents à ce qui a été dit dans la note, au n° 43. La même chose a lieu le samedi de la Pentecôte.

9. Pour la station qui se fait après laudes, depuis Pâques jusqu'à l'Ascension, les chapiers de laudes restent en chapes comme le célébrant, et entonnent alternativement le répons et l'antienne, qui sont des mémoires plus solennelles. Le ℣. *Præcipitabit* est chanté au lieu ordinaire par quatre choristes, que le premier chantre désigne, dans les triples, et deux dans les doubles.

10. Le Dimanche de Pâques et les deux jours suivants, à vêpres, procession aux fonts sans autres chapes que celles de vêpres. L'un des chapiers, après intimation de l'antienne à qui de droit, commence le psaume *Laudate* et consécutivement le ℟. *Quicumque*. Trois enfants chantent le ℣. *Dextera*. L'un des chapiers commence le psaume *In exitu*, et après la station, l'antienne *Filius*. A la station, deux ou trois choristes chantent : *Alleluia*, ℣. *Delevit*.

Après complies, le premier chantre commence la prose : *Victimæ Paschali laudes*, que le clergé continue à deux chœurs. Ensuite deux ou trois enfants chantent la prose : *O filii*, d'un lieu plus élevé, s'il est possible, et la face tournée vers le peuple. A l'entrée du chœur, le premier chantre commence : *Regina cœli*, etc. (Voir n° 2.)

11. Aux processions des Rogations, le premier chantre commence l'antienne : *Exurge*, chante le ⍩. et reprend; ensuite *Veni creator*, et les psaumes de la Pénitence. Au retour de la procession, trois chantres chantent la litanie.

12. Aux inhumations des adultes, le célébrant commence le psaume *Miserere*, que le clergé poursuit à deux chœurs, en allant à la maison du défunt. Arrivé là, le célébrant chante, alternativement avec le clergé, le psaume *De profundis*. En revenant, on chante le ℟. *Libera me*, avec tous ses versets. S'il ne suffit pas, on y ajoute le premier psaume du nocturne qui correspond à la férie, et son antienne; ensuite le ℟. *Audi nunc*, troisième du premier nocturne; puis, le deuxième psaume du nocturne premier dit, suivi de son antienne, et le ℟. *Clamavi*, troisième du deuxième nocturne. Après laudes ou vêpres, le célébrant ayant dit : *Pater noster*, *etc.*, les chapiers chantent alternativement avec le clergé, le psaume *De profundis*, ou *Lauda anima*. Après l'oraison *Non intres*, le chantre commence le ℟. *Misereris*, chante le ⍩., et reprend, si besoin est. Après l'oraison : *Piæ recordationis*, il commence le psaume *Lauda anima*, si l'inhumation se fait le matin, ou, si elle se fait après midi : *Miserere mei*. Le clergé continue, à deux chœurs. Ces divers psaumes sont toujours *à fa in re*.

AU SAINT-SACREMENT.

*Motet du sixième ton, qui peut se chanter en solo ou
à deux voix; mesure à deux temps doublée.*

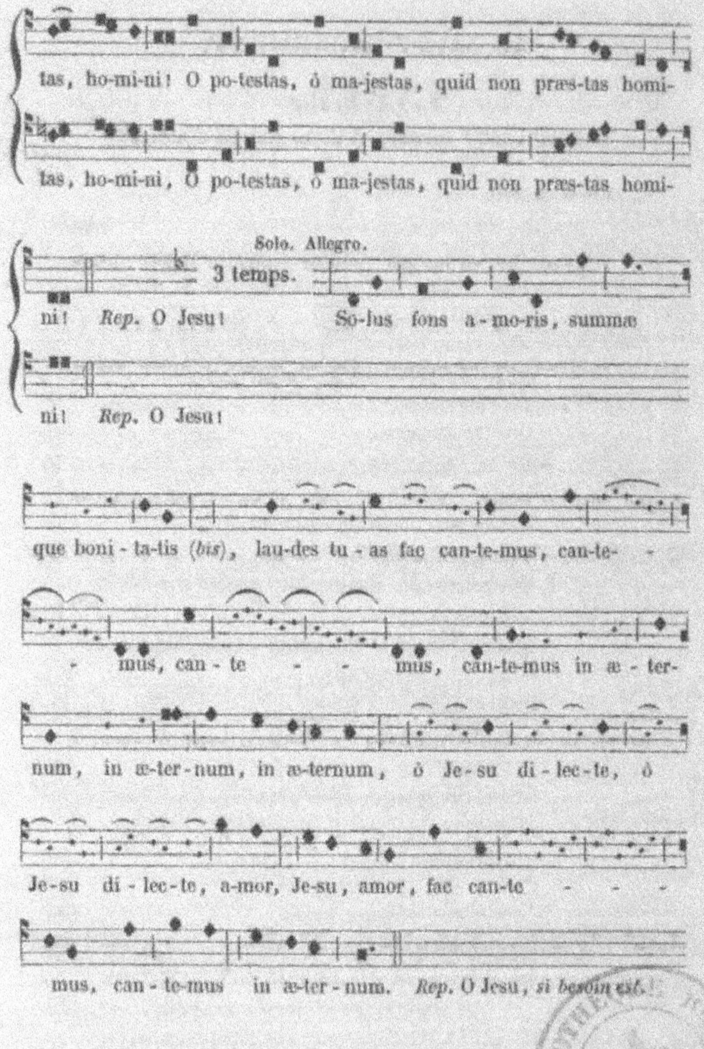
tas, ho-mi-ni! O po-testas, ò ma-jestas, quid non præs-tas homi-
tas, ho-mi-ni, O po-testas, ò ma-jestas, quid non præs-tas homi-
Solo. Allegro.
3 temps.
ni! Rep. O Jesu! So-lus fons a-mo-ris, summæ
ni! Rep. O Jesu!
que boni - ta-tis (bis), lau-des tu - as fac can-te-mus, can-te-
- mus, can - te - - mus, can-te-mus in æ - ter-
num, in æ-ter-num, in æ-ternum, ò Je-su di - lec-te, ò
Je-su dí - lec-te, a-mor, Je-su, amor, fac can-te - - -
mus, can - te-mus in æ-ter - num. Rep. O Jesu, si besoin est.

TABLE.

                                                    PAGES.

PREMIÈRE PARTIE. — Principes du plain-chant. .   1

1ʳᵉ LEÇON. — Des caractères employés dans le plain-chant, ... *ibid.*

2ᵉ LEÇON. — Des tons considérés comme sons, . .   8

3ᵉ LEÇON. — Des tons considérés comme modes , . . 13

4ᵉ LEÇON. — De l'unisson, ... 21

5ᵉ LEÇON. — De la mesure, ... 25

6ᵉ LEÇON. — De la manière de chanter, ... 30

          Solfége pour exercice, ... 37

          Exercices pour la mesure, ... 44

7ᵉ LEÇON. — De la Psalmodie, ... 54

          Exercices de psalmodie pour les huit tons, ... 73

          Intonation des cantiques évangéliques , avec leur médiante, ... 83

          Neumes des huit tons, ... 90

          Chant du psaume *Miserere* , pour le carême,. 92

          Chant du psaume *Laudate* avec *Adoremus*, 93

APPENDIX. — Manière de chanter les versets , oraisons, épîtres , etc., ... 94

          Chant des *Benedicamus*, ... 102

          Chant des répons brefs , ... 105

8ᵉ LEÇON. — De la transposition, ... 107

          1ᵉʳ APPENDIX en faveur des musiciens qui veulent jouer le plain-chant, . 113

          2ᵉ APPENDIX en faveur des plainchanistes qui veulent chanter la musique , . 114

          Messe des épousailles, ... 117

SECONDE PARTIE.— Cérémonial des chapiers, . . 122

Quelques notions préliminaires, . . *ibid.*

CHAPITRE 1er. — Rubriques du premier chantre, . 124

Art. 1er Prime, Tierce, Sexte, None, . . . 125

Art. 2. Messe, ... 126

Art. 3. Vêpres, Complies, Salut, ... 137

CHAPITRE II. — Rubriques des chapiers dans les fêtes à cinq ou trois chapes, ... 144

Art. 1er. Matines et Laudes, ... *ibid.*

Art. 2. Messe, ... 146

Art. 3. Vêpres et Salut, ... 149

CHAPITRE III. — Rubriques des derniers chapiers dans les fêtes triples, . . . 150

CHAPITRE IV. — Rubrique des chapiers aux jours qui n'ont que deux chapes, . . 151

CHAPITRE V. — Des mémoires, ... 152

§ 1. — Composition des Offices, ... 153

§ 2. — Occurrence et concurrence, ... 155

CHAPITRE VI. — Rubrique du Clergé non en fonctions. 158

Art. 1er. Messe, ... *ibid.*

Art. 2. Autres offices en général, ... 161

CHAPITRE VII. — Quelques Offices extraordinaires, 163

MOTET. — O Jesu, Deus magne, ... 169

ROUEN, Imprimerie de MÉGARD, rue du Petit-Puits, 21, et Grand'Rue, 156.